買一間會增值的房子

（修訂版）

House達人**邱愛莉** —— 著

8個買房、
賺房公式
一次公開!!

地產書籍常勝軍！
戰勝高房價，最超值實用的購屋聖經！
首購族、換屋族、投資族、觀望族，
必買必看！

買房╳找屋╳看屋╳議價
貸款╳裝修╳包租╳節稅

一本就懂

推薦序

從 Street Smart 到 Book Smart 的房地產教戰守則

●**紅色子房** 知名房地產專欄作家、紅色子房資產管理公司董事暨總經理、瑞德資本創辦人

　　美國人講一個人聰明，會說他是 Book Smart 或者是 Street Smart。我有許多屬於 Book Smart 的朋友，從小念書優秀，名校畢業，有財經博士、建築系教授、工程顧問等等。我也有許多屬於 Street Smart 的朋友，從小就在街頭做生意，有建商老闆、業務高手、工地師傅等等。跟 Book Smart 的人在一起，條理分明，辯證有物，可從言談整理出有系統的思緒。跟 Street Smart 的人在一起，有如參與一場精彩的冒險，從彼此的經驗交流中，找到有價值的印證與傳承。

　　然而愛莉的聰明，是我朋友中少數兼具 Book Smart 與 Street Smart 的奇女子。年紀輕輕就做了外商產品經理，用熱情和加倍努力成為了科技新貴。隨著偶然的房地產投資機會，開啟了她的財商（FQ），並且發掘出她對房地產的熱情，進而「跨界」創業成立 House123，以「買方經紀」的創新模式帶領大家以「團購」的方式買房議價，並且編整出實用的課程，以體驗和模擬的方式幫助廣大的買房消費者。大家也許覺得她外表光鮮亮麗，殊不知她也是歷經協助家中債務清償，在短期內強迫自己投資獲利的壓力，因而練就一身看房投資好工夫。

　　同時，藉由愛莉來自科技業經理人的聰明頭腦，迅速整理出買房決策過程中的關鍵法則。《買一間會增值的房子》蟬聯房地產類別暢銷書多年，並推出這本「修訂版」，用淺顯易懂的文字與實例，創作出讓讀者得以快速融會貫通的房地產教戰守則。

若用一句話形容，這本書的「實用度」100%！

很高興愛莉的 Street Smart，成功整合到這本 Book Smart。

由衷推薦，給 Smart 的讀者。

買房，
是人生重要的投資

推薦序

● **夏韻芬** 知名理財作家、節目主持人（www.money365.com.tw）

　　本書作者是我在中廣主持《理財生活通》的來賓，當時請她來上節目分享一手創立的網站House123，以及揪團買房的商業模式，當時對她的印象非常鮮明，因為她非常年輕，卻已經把房地產當成主力投資領域，此次由她的書稿中，看到她由門外漢開始，一路研究、學習，到現在進入教學階段，不但有房子安居樂業，還可以收租，充分享受財富自由，她的學習過程值得跟年輕人分享。

　　房地產向來是年輕人難度最高的投資工具，資金門檻高，專業的土地、建物的學問更是大，近幾年房價所得比高得嚇人，主要關鍵因素還是台灣經濟不佳、薪水停滯，年輕人扣除基本生活開銷之後，幾乎無力負擔高房價（連租屋都有極大的壓力），一般來說若沒有富爸爸、媽媽相助，大多數的人只能「望屋興嘆」。

　　近兩年，房地產進入價格讓利的修正期，首購族傾巢而出，成為市場主力，但是也出現諸多不肖「老師」、誆騙新手不用頭期款就可以買屋，甚至吹噓自己獲利上億，造成市場亂象。事實上，我認為年輕首購族有適度的壓力是好事，如果固定養成本利一起繳房貸的習慣，通常辛苦一陣子就可以把房貸繳清，如果一直期待寬限期，過著沒有壓力的生活，一旦進入本利一起還的階段，就會難以承受，其實房貸總是要面對的，早點養成還貸款的習慣，早點還完。房貸寬限期的變相延伸，我總覺得有一股不安的感覺，這是金融體系房貸風險的管理，也是很多投資客的壓力，過去很多投資客透過房貸寬限期來養房子，但是如果進入本利一起繳的階段，還款壓力大增，如果現金周轉不及，未來將是房市一顆未爆彈。

過去也有節目聽眾問我，是不是可以把我的房子先賣掉，等低一點再買回來？他認為住的地點還不錯，附近有捷運站，吃東西買東西都方便，如果賣的價錢不錯，還可以拿錢做投資，等兩年低點買回來，便可以賺差價，這個規劃看起來棒透了！但是真的能夠如人所願？其實，還有很多不確定的因素，例如：大環境的變化，難以預期，一旦房價看跌，目前房子希望賣高價？小環境的變化，也包括自身工作收入的變化，或是預期房價會不會再走高？

　　買房是人生重要的投資，因為佔資金比重最高，無論是首購，或是換屋族，對於房地產依然有諸多浪漫不切實際的想像，我建議大家好好花時間研究此書，就算投資客已不再是房市的主流，大家都能更了解房地產的市場變化，做好財務的規劃，順利成家立業，買到心目中的好宅或是黃金屋！

幸福購屋，跟著愛莉走

● **田大全** 知名房地產專家

房地產大景氣，有些人靠著運氣與膽量，短線炒作個2、3間，賺了點錢，就可以在媒體上大談「超級無敵購屋學」；房地產不景氣，操弄著旁門左道，也可以開班授課做大師，煞有介事地闊論「買屋不用錢」！

房地產專家何其多，房地產市場何其亂……

拜讀愛莉的兩本書，不僅內容扎實，最重要的是「觀念正確」！那是一種充滿正能量的價值觀！只要深入了解房地產就會發現，每一個細節都是專業，每一個過程都要仔細！它絕不是表象上那麼榮華富貴的酒池肉林，更不是黑心炒作與哄抬的萬惡淵藪！

因為無知而感到恐懼，可以理解，但是因為恐懼，而產生抗拒、放棄或是負面的情緒，就大可不必了！全台灣800多萬間的住宅，並不會因為個人的抱怨、抗議或咒罵……就崩盤！同樣地，這麼大規模的市場，也不會因為少數惡質的投機炒作，就出現莫名其妙地瘋狂飆漲！市場自有其中道理，過度的樂觀或悲觀，事過境遷，都只是過眼雲煙。

景氣有起伏、房價有漲跌，市場結構在變、法規制度也在變！過去的「市場鐵律」，一再地被顛覆與挑戰！

一切變動的過程中，唯一不變的核心價值，就是那份對幸福的渴望！人生短短幾個秋，與其糾結在數字的高低，不如反過來認真地做好功課，盡早享受生活的快樂。

愛莉是個非常認真的經營者！聰明又用功，註定了她的成功！近來因為事業的合作，更進一步地感受到她的細膩與貼心！無論是在推動危老改建時，對於住戶權益的考量，或是在建築規劃時，對空間運用的專業堅持，那些點點滴滴，也許是在這本書以外，你還沒有認識到的愛莉！

　　大景氣追不上，不景氣不敢買！景不景氣，其實並不是那麼的重要！專業，才是唯一無可替代的價值！想了解房地產的專業？就從這本書開始吧！

關於「房事」的終極懶人包！

● **許耀仁** 暢銷書作者

你聽過「愚蠢稅（Stupid Tax）」嗎？

當你在教育與資訊不足的狀況下，做了後續結果證明是錯誤的決定時，所付出的額外代價就叫作「愚蠢稅」。

你當然也可以用比較正面思考的方式說這叫作「繳學費」，不過我想將之稱為「愚蠢稅」，會比較能激勵人去做些什麼來避免犯這種錯誤……畢竟沒有人會想要當傻瓜。

尤其談到關於你的「房事」時，只要繳一次愚蠢稅，可能就會讓你大傷元氣，久久難以復原。

這是因為不管你是要自住還是要投資，買賣房子這件事對絕大多數人來說，可能都是一生中數一數二的重大決定，如果在過程中的任何一個環節稍有不慎，或因為一時腦充血而做了錯誤決定，往往會讓你不僅損失金錢，還要賠上心靈的平靜。

好消息是，要避免愚蠢稅並不困難（比起要避掉中華民國的萬萬稅簡單多了），而現在你手上的就是這樣的一個機會。

記得多年前，我的一位導師教了我一個重要觀念。他說：「要成為一個領域的專家很簡單，你只要對那個領域了解的比 70% 的人多就可以了。」

在你要出手買賣房子之前，如果對房地產的了解能有像這裡講的專家程度，自然就能避免愚蠢稅的發生。

而要做到這一點，你當然可以從現在開始自己尋找、搜集、研究與消化吸收這個主題的資訊；不過，我的這位導師教了另外一個更聰明的作法。

他說：「只要找到這個領域最 TOP 的 3 本書，然後把它們讀得滾瓜爛熟就行了。」

在我閱讀這本書的過程中，三不五時浮現在腦海裡的想法是：這可能是關於房地產的終極懶人包！

不管是打算自住還是投資，本書中不但涵蓋了幾乎所有需要知道的面向，同時還以許多實例與淺顯易懂的方式，讓你輕鬆了解這些重要資訊……。

我自己會把這本書列為「房地產」這個主題的 TOP3 書單之一，而且我會強烈建議你也這麼做！

如果你不會想在繳了一筆昂貴的愚蠢稅之後，再來「千金難買早知道」，那麼你就應該立刻做這筆微不足道的投資，把這本書帶回去，好好研讀。

然後，把這本書放在書架上容易拿到的地方，你要做任何跟房地產有關的決定之前，記得回頭先查查書裡的資訊與作者給你的相關建議。

只要你願意這樣做，相信光是省下的愚蠢稅，就會讓你有滿意的投資報酬率！

五年，
持續磨一劍

自序

● 邱愛莉　House123 董事暨執行長

　　時間過得好快！這本書轉眼已經出版 5 年了！

　　5 年來，我生了一個孩子，搬了一次家。我的公司 House123 從 2 歲到 7 歲，累積了更多買屋裝修和出租的經驗，出了第二本書，開了第二家公司、第三家公司……。政府的「奢侈稅」退場，取而代之的是「房地合一」。貸款條件比以前更鬆了，利率降得更低，房市卻在 2016 年量縮得比 SARS 那一年還要少，2017 年、2018 年、2019 年房市持續盤整，這 5 年可以說是熱鬧非凡。然後，5 年過去了，這本書要出「修訂版」了！

　　還記得 5 年前出這本書的時候，我剛懷孕，因為新書宣傳的緣故，上了人生第一次電視節目。懷孕期間的我特別有行動力，除了配合新書宣傳，每週還上 3 次孕婦瑜伽，外加一堂花藝課。不止如此，我還考了不動產經紀人，自己買了 5 本書自修，大腹便便上考場，一次就考過！隨著修改和增補這本書的「修訂版」，這些回憶咻地又回到我的腦海。5 年，好像很近，又好像很遠。而在新書更迭，每本書的壽命越來越短的生態下，這本書能在 5 年後推出「修訂版」，真的也值得我慶幸和感恩！

　　我的書不找人代筆，每個文字，都是自己深思熟慮之後，用鍵盤一個一個敲下。雖然是 5 年前寫的，但是，翻著裡面的許多文章，還是讓我很喜歡。雖然文字能乘載的資訊量沒有面對面交流，甚至物件場勘、實作，所能傳達的多，但是，它的確歸納了從想買房子的念頭萌生開始，如何設定自己找屋的條件、試算自己的貸款額度，一路到看屋、議價、貸款申請、裝修、稅費，盡可能以白話文的方式，把艱

澀的房地產知識和經驗，分享給正在看這本書的你。買房的過程縱然看起來像是個黑洞，但是，隨著每個環節的抽絲剝繭，就像在黑洞的洞口，手裡握著一個微小的火光，因為明確、清晰，所以有力量。我有一個建築師學員，有一次在分享法規時說：「你可以因為懂了之後，為自己『做決定』。不要因為不懂、因為恐懼，而讓自己『被決定』。」我覺得這句話適合用在很多事上，包含買房。

上一個版本的自序，我從家裡負債 400 萬的故事說起。而這一次，我打從心裡謝謝年輕時的經歷，理解了家人當時的起心動念，僅僅只是希望有能力讓自己和家人有更好的生活。當年的事件驅使了我學理財、學房地產，從收租、自住，到創業，說穿了，房子之於我，已經不再只是資產負債表裡的項目，而是我最愛也最熟悉，卻又常常覺得學無止境的領域。而在這過程中，我何其有幸，結交了許多好夥伴和好朋友，也見證許多人在安居自住、幸福收租的路上，替自己和家人打造一個財務安全網。這裡面有多少的責任與承諾？

而這就是這本書 5 年前出版的初衷。5 年磨一劍，5 年後，它仍然閃亮：

如果你夢想擁有自己的房子，或是透過房子累積自己的好資產，創造被動收入，讓自己可以做自己真心喜歡做的事，為自己和他人創造價值，那麼，希望這本書能成為你的好工具、好夥伴，讓你在看房子、找房子、議價、裝修的過程中，都有用得上的錦囊妙計，讓它乘載著我的經驗與祝福，陪你走過這段獨一無二的購屋之旅。

目次 CONTENTS

第 3 章

中古屋看屋、議價技巧大公開！

掌握看屋重點，教你出個好價，達人的10個技巧一定要學！

第 4 章

預售屋增值術——
分期付款、累積千萬資產

掌握7要點，破解廣告花招，買到夢想中的家

第5章

裝潢＝裝修＋風格，超高 CP 值裝潢術
比價絕非萬靈丹！4個重點讓你一次搞定裝潢的大小麻煩事

第6章

雙贏的投資策略，賺租金又賺增值！
做好市場評估，快速出租，讓房子自己養自己！

第
8
章

搞懂稅法，買房賣屋稅費省很大！

聰明節稅有方法，教你精打細算，省荷包不省生活品質！

第 1 章

如何從房地產中致富

菜鳥變專家,買屋前必須先了解的7個關鍵問題

問題 **1**

地點為王？
買房子選對地點一定賺？

TIP→ 買屋時，預計持有的時間有時比進場時間更重要。

⊙ 除了地點，還要考量「時間」和「利息」

　　房地產的不敗定律，似乎就是 Location、Location、Location ！彷彿地點決定了一切。這道理我們都懂，誰不想要買在台北市仁愛路呢？除非你有個睿智的爺爺奶奶當年早買下，或者錢很多，可以用現金買下黃金地段的房子，而且打算長期持有置產，不然，你還有 2 個重點要認識：「時間」和「利息」！

　　「時間」包含「進場時間」和「預計持有的時間」，而「利息」指的是「貸款利率」。「進場時間」常常會影響購買的價格，例如：在一個重劃區還沒成形前就買，價格當然比整個區域都成熟後的價格低許多。不過，「預計持有的時間」有時候會比「進場時間」更重要。

　　如果你計劃房子要持有 5 年以上，那麼就可以考慮還在發展中的重劃區，雖然要接受現階段比較不足的生活機能，但只要有明確的建設計畫和時程，除非供給量太大，不然，隨著時間和建設的發展，幅度較大的增值是可以被預期的。

　　如果你只打算住個 2 年，有些目前正在興建的捷運線，或是生活機能已經很完備、新建案也越來越貴的區域就可以考慮，因為如果買得夠便宜，總價和格局、地點也好周轉，就有增值的機會。

⊙換個腦袋！用 200 萬自備款滾出 200 萬增值空間

「貸款利率」對於房地產投資的重要性不言而喻。跟大家説一個祕密，其實當初我會想學習房地產，是因為朋友跟我分享一個觀念：「如果你買一間 1000 萬的房子，三年後增值到 1200 萬，相當於一年成長約 6%，請問你的總投資報酬率多少？20% 嗎？錯！答案是 100%！」

為什麼？因為**買 1000 萬的房子，可以貸款 800 萬，等於是用 200 萬的自備款賺 200 萬的增值空間。**

這就是房地產迷人之處，有什麼投資可以讓銀行用相對低的利息借款給你，你出 20%，銀行出 80%，而且還提供寬限期（只還息不還本金）呢？當然，貸款期間需要繳利息，以 800 萬的貸款，2% 的利息計算，每個月的利息為 13,333 元，自住用的話，就當成自己在付租金，不自住則可以出租用。

用「200 萬賺 200 萬」就這樣留在我的腦海裡，後來學了房地產，知道還有稅費需要納入計算，不過，房地產的增值潛力和高槓桿成為了吸引我學習和研究的誘因。當利息低的時候，房地產自然成為很適合的資產配置。

⊙以小換大！ 500 萬套房變成 8500 萬豪宅

我在創業前曾經在職場工作 8 年，曾有一位主管在 10 幾年前，當大直重劃區還是荒煙蔓草時就和老婆一起買了一間小套房。10 幾年來，他們平均每 2、3 年就換一次房子，把原來的房子賣掉，越換越大，在 7 年前他們正式搬離大直重劃區時的最後一間房子，是一間七十幾坪的豪宅，外加兩個平面車位。他以每坪 110 萬賣掉後，搬到內湖某個他看好的重劃區，一樓的新成屋，光院子就比客廳和餐廳加起來還要大。

每次聊起他的換屋史，他總是鼓勵我們存錢買房子，從小坪數開始，慢慢換大，並跟我們分享他的經驗。一開始我很納悶：如果我買了一間房子，坪數二十坪，單價 30 萬購入，在不考慮車位的情況下，3 年後，行情漲到了 36 萬。就算我賣掉房子賺了 100 萬（扣掉稅費），除非我要考慮其他比較便宜的區域，不然，如果我想買同一個區域，行情也差不多是 35 ～ 36 萬，我到底賺到什麼？（買 30 萬，賣 36 萬，再接著買進 36 萬……如果這是同一支股票的操作，應該是下錯單吧？哈！）

我把這個問題問我的前主管，他問我：「如果你用每坪 30 萬買了二十坪的房子，抓貸款八成，你付了多少的頭期款？」

總價是 30 萬 ×20 坪＝ 600 萬，頭期款是總價的 20%，等於 600 萬 ×20%……我計算著。

「120 萬。」我回答。

「嗯，如果三年後妳以每坪 36 萬賣掉，扣掉賣房子要繳的稅，假設是 20 萬，這樣你會拿回現金多少？」他問。

我思索著，「36 萬 ×20 坪＝ 720 萬，賣掉時，賣方會把我的貸款還掉，假設我這 3 年都只有還利息，沒有還本金，表示我的貸款還有 480 萬，所以，我會拿回的現金是 720 萬－ 480 萬－ 20 萬＝ 220 萬，相當於我原本的頭期款和我扣掉稅之後賺的價差之總和。」

「嗯，如果妳用這 220 萬當自備款，扣掉買房子假設需要 10 萬的稅費，一樣貸款八成，妳可以買得起多少總價的房子？」

我按著計算機，「如果以 210 萬拿來當頭期款，頭期款是總價的 20%，所以總價就是 210 萬 ÷20%＝ 1050 萬……哇！比起我第一間的總價 600 萬，幾乎快 double 耶！所以就算我買在同一區，單價一樣是 36 萬，我就可以買到 29.2 坪，幾乎多了 1/3 的坪數！」

我像發現新大陸一樣地興奮，「不過，不對啊！那就表示我要揹的貸款也變多了，本來我的貸款是 480 萬，現在變成了 840 萬，每個月的利息也變多了耶！」

他笑著說：「哈哈！對呀！所以要認真工作啊！而且不要過度高

估自己付房貸的能力喔！把現金流算好很重要！」

　　原來這就是自住等增值，以小換大的方式。怪不得換屋總比首購容易，有了第一間房子的增值，要換屋時頭期款的壓力就小了一點。

　　話說我的前主管工作很認真，出社會工作以來只換過 2 次工作，一路從業務當到外商公司副總，但他看起來總是對工作遊刃有餘，不管業績壓力再大，總是吃得下，睡得著，對屬下也總是和顏悅色，而他清楚的邏輯和與客戶之間收放自如的溝通，也總讓我們心悅誠服。我想，能擁有一間心愛的、會增值的房子，和自己心愛的家人生活在一起，對自己的理財規劃有清晰明確的方法，就算工作再緊張，心都會安定一些吧！

多空交戰！
現在是不是購屋的好時機？

TIP→怎麼知道什麼時候是谷底？過了才知道！

⊙不管房價高低，永遠都有被低估的房子

我的先生在創投業工作，常常都要拜訪新創公司，評估他們的實力和股票的價值。有一天晚上，他一如往常地在書房裡上網，剛好看到房地產新聞。他轉過頭來問我：「現在房價這麼貴，到底還可不可以買？」

我想了一下，問他：「如果今天股市上萬點，你找不找得到被低估的股票？」

他說：「可以。」

我再問：「如果今天股市跌到5千點，還有沒有被高估的股票？」

他說：「當然有。」

我說：「那就對了。現在房價普遍高，就像股市點數上萬點。因為市場走多頭，大部分的股票股價都在高點，連一些不怎麼樣的公司股價都飆高，但是只要用心找，還是有可能找到股價被低估的股票。就像現在房價高，雖然大部分的房子都很貴，可是只要用心，還是有可能找到房價被低估的房子。」

老公聽了這個比喻似乎懂了。隔天我把這段對話跟一個朋友講，他說：「哪裡有被低估的房子？我看來看去都是被高估的！」

的確，開價都那麼高，哪裡有被低估的房子？

我說：「**屋主急售的時候，就有被低估的房子了。**」

其實，不管是什麼時候，都有人急著變現。房子要不賣得高，要不就賣得快。不管是家庭因素、經商周轉、離婚或家族分家，只要急著賣，價格就比較好談，因為賣方比買方更急著想要成交，所以只要價格達到他需要的最低金額，就有可能出售。

朋友接著問：「可是我們要怎麼接觸得到屋主急售的房子？每次仲介帶我看的房子，感覺起來屋主都不缺錢，寧願慢慢賣……」

我問他：「如果你是仲介，你接到一個 case，屋主要的價格不高，應該很快就會賣掉。你手上有 2 個買方客戶，一個是投資客，做決定很快，看過沒問題馬上就出價。另一個是自住客，通常白天看完之後，晚上還要再帶家人來看一次，晴天看完雨天還要來看，看過都沒問題，再帶風水老師來看。請問你會聯絡誰來看？」

朋友說：「投資客。」

我問他為什麼，他接著說：「因為等自住的那組客人確定要買時，房子早就被其他業務賣掉了。」

「是啊！這就是市場真實的情況。仲介的業務很競爭，我們不能怪他們對自住客不夠好，而是他們的工作就是盡快讓房子成交，他們只是在做他們的工作。」我說。

「可是，許多專家的書都教我們，一個房子至少要看 3 次，白天、晚上、晴天、雨天都要看，難道用這種方式就買不到便宜

買房是人生大事，很多眉角要注意，看屋前一定要先做足功課。

的房子了嗎？」朋友急著追問。

我回答：「買房子需要一點緣分，因為房子金額很高，所以多看幾次是應該的，只是如果需求明確，同時也讓仲介了解你的需求，並多看、多做功課，當有合適又便宜的房子出現時，就可以比較快做決定。」

我接著說：「此外，『便宜』的定義有分為『現在看起來便宜』和『以後看起來便宜』。雖然我們不見得都有緣分可以買得到『現在看起來便宜』、屋主急售的房子，但是，如果熟悉區域的公共建設計畫，在建設完成之前先買，看是需自住等增值，或將房子出租，等到建設完成後，行情漲起來，回頭看幾年前自己買的價格，覺得好便宜，這就是『以後看起來便宜』的房子，如果未來有需要換屋，也可以享受一波增值的空間。」

朋友聽了點點頭，說他懂了。

「不過，就算有公共建設，如果腹地太大，新屋供給太多，就要小心喔！」我補充道。

⮕ 練好基本功，無論房價漲跌都能買到超值好屋

這幾年房市修正，常有同學問我：「老師，什麼時候是谷底？我想要谷底的時候進場！」其實，要知道什麼時候是「谷底」的唯一方式，就是等它「過了」之後才知道。例如，假設今年是「谷底」，要等到明年年底，回顧過去幾年的房市，才能恍然大悟地說：「哎呀！原來去年是『谷底』！（笑）」

我常說，每個時間點都可以是買房子的時機，但不可諱言的，當房市走高時，房價普遍偏高，要找到合理價位的房子的確不容易。現在到底是不是買房子的好時機呢？我認為，以「理智」來說，只要利息維持低於通貨膨脹率，房價雖有震盪，但長期仍然會增值。因為以通膨的幅度預測房地產的漲幅，只需要負擔銀行的低利率，絕對划算。

美輪美奐的電梯大樓,是住在都會區居民的首選,但它的公設比例高、價格昂貴許多。

反而,如果我將錢存在銀行,每年賺約 1% 的定存利息,面對每年 3% 的通貨膨脹,我的資產反而縮小 2%。

不過,這是從「理智面」來說,然而,人從來不是理智的。會影響房價的原因還有政治與預期心理,當然,如果還有其他不可預測的事件,如:金融(像 2008 年美國的金融體系危機)、戰爭、傳染病等,更會加深房地產的不確定性。對我來說,所有可能影響房價的因素可以歸納成:供給、需求、資金流向;尤其是「資金流向」,容易讓房地產行情發生偏離市場供需的脫序現象,這也是房市從 2009 年一路狂漲到 2016 年,而 2016 年又一路修正到現在的主要原因。

其實,與其問什麼時候是「谷底」,不如認真研究「議價」。因

每個人心中都有夢想屋，但若買不起新大樓，先從公寓買起，花點錢裝修，也可以住得很舒適。

為就算房價在低點，還是有人不小心買貴，在房價高點，還是有人買到漂亮的地點、漂亮的價格。如果你仔細看實價登錄和銀行估價，你會發現，所有行情都是一個區間。同一個社區，有 34 萬成交的，也有 42 萬成交的，而且 42 萬成交的樓層、格局、屋況，都不見得比 34 萬的還值得每坪多貴上 8 萬。不管什麼時間點，都有被高估的房子，也有被低估的房子。而房地產學的，就是在「行情區間」內，從貸款和成本推估出屋主真實的底價，用「行情下緣」甚至以下，買到值得「行情上緣」條件的房子。這也是我一再強調的，現在這個時間點，不是所有房子都可以買，最重要的有 2 個條件，第一個是「地點」，另外一個就是「價格」。不過，如果你掌握到這 2 個重點，現在的確是買屋自住和規劃收益型資產最好的時機。謹慎評量自己的需求與能力，並做好風險控管。透過學習與實際看屋，練好基本功，好房子出現時才能把握機會做決定！

➡「爽」＋「買得起」，就是自住買房的兩大條件

自從開始接觸房地產以來，許多要結婚、買房子自住的朋友也開始會詢問我的意見。除了被問「現在到底可不可以買房子？」外，其次最常被問的應該就是：「房子好貴喔！我要買什麼樣的房子？」

回答這個問題前，我們先來討論一下自住買房的 2 大條件。

要買一間自住的房子，需要考慮什麼呢？每每當我在課堂中問這個問題，同學們就會開始回答：生活機能、交通、格局、採光、通風、學區、公園、醫院、地段、建材……種種回答，總歸一句，就是「爽」，是吧？買一間自住的房子，總是要自己和家人喜歡，符合需求條件。可是，就算所有條件都符合需求，好不容易用賺來的錢買下了喜歡的房子，隔了 5 年之後想要換屋，差不多時間買房的朋友們的房子都漲價了，自己的房子不僅沒漲，反而還跌價了，這時候大概也不會太開心吧！所以，**要符合「爽」的要求，除了符合「需求條件」外，還要具備「增值潛力」。**

符合「爽」的條件的房子很多。例如：台北市中心的帝寶，住起來一定很爽，某方面來說，它的稀有性也的確符合增值潛力的要求，問題是我負擔不起！就算籌錢加貸款，真的讓我買到了，我住不到幾個月就繳不出貸款，房子等著被法拍。

所以，自住除了符合「爽」的條件外，第 2 個條件就是要「買得起」。除了「頭期款」和「裝修預算」外，每個月要支付的「貸款」也要考量在內。當兩者間的翹翹板平衡的時候，就是適合自住的房子。

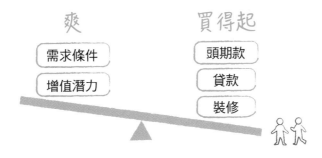

問題

3

投資買屋，
如何賺到財富？

TIP→買成屋的持有策略可以分為「整層收租」、「隔套收租」和
「純賺差價」，都各自有要注意的眉角與風險。

⊙租金和價差，是買屋的最大利基

除了以小換大、自住等增值外，如果你想要投資買房地產，有哪些策略呢？在回答這個問題之前，我們先來看看投資房地產有哪些獲利方式。

房地產的獲利方式跟股票很像。投資股票要賺錢，來自 2 個地方：每年分配的股利、和賣掉時的價差。

房地產也是這樣，**房地產賺錢的來源有 2 個地方：租金（跟股利一樣，是「現金流」）、和增值的價差（和賣股票賺價差一樣，屬於「資本利得」。）**

如果我們把房子依照「是否已經興建完成」來分類，可以分為「成屋」（包含新成屋和中古屋）和「預售屋」。

「成屋」在持有期間，可以透過出租賺取租金，當然，如果有貸款的話，在持有期間就要支付貸款利息，最後在出售時賺取價差。所以，我們可以將成屋的投資策略分為「純賺價差」（不出租）、「整層出租」和「隔套收租」。

「預售屋」在持有期間，因為還沒交屋，所以不能出租，而且因為預售屋大多為分期付款，所以在持有期間要支付各期款項，最後在出售時賺取價差。我們將此策略稱為「預售屋投資」。（如果放到交屋後

還沒賣掉，就轉變為「成屋」，可以選擇出租或直接出售。）

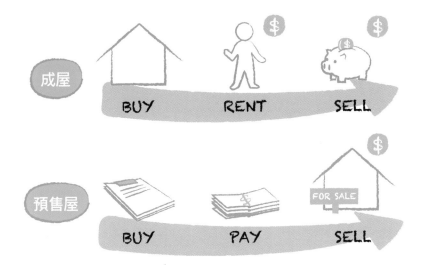

　　有些投資人喜歡短進短出只賺價差，拜早期的奢侈稅和近年的房地合一稅所賜，有越來越多人將手上的房子出租，延長持有的期間。關於這一點，我是贊成的，因為房子的價值在於「使用」，除非是還沒交屋的預售屋，不然買了房子後，如果不自用就出租，讓它發揮空間的價值。

　　不過，舉凡成本的控管、格局的規劃、租金的設定、租客的管理……每一個都是「整層收租」和「隔套收租」的眉角喔！大家可是要好好學，我也會在之後的單元有詳細的分析。

問題

4

中古屋、新成屋、預售屋，
該怎麼買？

TIP→ 手上的現金不足，只夠付總價的10%～15%，但工作收入
穩定時，可考慮買預售屋，只是要特別注意交易安全喔！

⊕中古屋 CP 值高，但要慎選屋況

不管是自住或投資，另一個我最常被問到的問題是：「中古屋、新成屋、預售屋，我該買哪一個比較好？」

老實說，每一種房子都有它的優缺點，如何選擇還是要看個人的需求。

如果你想要公設低一點，屋況舊也沒關係，自己重新整理就好，這樣的話，中古屋就適合你的需求。看屋時，除了要特別留意鄰居的素質和社區的管理外，如果是屋齡 20 年以上的中古屋，搬進去之前，最好把水電管線重新換過。

這是因為以前的管線負荷量都較低，水管、糞管寬度比較小，電線的規格也比較舊，而現在的家電使用度高，最好全部換掉比較安全。如果有些中古屋強調屋主有重新裝潢過，記得多留意裝潢的前屋主是自住還是純投資。

如果前屋主是投資客，而且買入後重新裝潢立刻又要出售，真的不建議大家接手，因為裝修的施工品質我們無法掌握，而前屋主裝潢的成本卻已加在房價裡，由我們買單。如果等住進去才發現有問題，由於水電管線是裝潢裡的基礎工程，幾乎所有的裝潢都要打掉重做，

得不償失。（這些物件的廣告標題通常號稱「設計師的家」，而且很巧的是，這些「設計師」都剛好要移民或到大陸工作……）

如果買的中古屋屋齡接近 30 年，要特別留意外牆防水做得好不好，因為混凝土的使用年限一般是 50 ～ 60 年，但如果外牆防水做得好，使用年限可以再加長，到 80 年、100 年都有可能。如果防水做得不好，甚至是海砂屋（氯離子含量太高），加速侵蝕鋼筋水泥，導致房子的使用年限變短，就糟糕了。

⊙ 預算足夠，可考量新成屋

如果你的預算足夠，想要房子屋齡新一點，希望有蓋好的成屋可以看，並且可以盡快入住，那麼新成屋就適合你的需求。不過，現在的新成屋大多公設比較高，且單價較貴，有些行情甚至遠高於銀行的估價，因此貸款成數不理想。

在買新成屋時，如果有建商跟你說：他的房子就算你的工作和收入條件都不錯，即使是首購，也只能貸到七成。別以為這是央行打房，而是因為他的售價遠高於銀行估價至少一成，所以才導致銀行貸款成數不高，利率也不好談。所以買新成屋時，一定要留意銀行的估價與貸款條件！

⊙ 不想馬上揹房貸，不妨考慮預售屋

如果你想要買房子，但沒有立即入住的需求，也不想要馬上揹房貸、支付利息，或是手上的現金只夠付總價的 10% ～ 15%，不過，由於工作很穩定，定期還有獎金，想要透過買房子強迫自己儲蓄……知道你最適合哪一種房子嗎？Bingo！就是預售屋！

預售屋的挑選其實比中古屋和新成屋更難，因為預售屋，通常都還沒有蓋好（有些甚至還沒有開工），所以看到的都只有 DM、接待中心電

腦裡的 flash 動畫和美美的樣品屋模型。因此購買預售屋除了要做好每一期分期付款款項的準備外，更要學習挑選好建商、好建案、好戶別，並用合理的價格購買。而且一定要特別注意合約內，關於履保信託或擔保等機制的規定，千萬不能疏忽大意喔！

・買中古屋、新成屋、預售屋，該注意的重點・

	適合族群	注意事項
中古屋	・想要公設低一點，屋況舊也沒關係，自己重新整理就好	・鄰居的素質 ・社區的管理 ・屋齡20年以上的中古屋，最好把水電管線重新換過 ・不要買投資客剛裝潢好的房子 ・如果買的中古屋屋齡接近30年，要特別留意外牆防水做得好不好
新成屋	・預算足夠，想要房子屋齡新一點，希望有蓋好的成屋可以看，並且可以盡快入住	・銀行的估價與貸款條件（避免買太貴）
預售屋	・想要買房子，但沒有立即入住的需求，也不想馬上揹房貸、支付利息 ・手上的現金只夠付總價的10%～15%，不過，由於工作很穩定，定期還有獎金，想要透過買房子強迫自己儲蓄	・做好每一期分期付款款項的準備 ・學習挑選好建商、好建案、好戶別 ・用合理的價格購買 ・注意合約內關於交易安全機制的規定

➡中古屋、新成屋、預售屋比一比

　　這三種房屋類型各有它的優缺點，也都有它的眉角。我有個好姐妹，只買預售屋，因為預售屋的分期付款很適合她強迫自己儲蓄，也多虧了預售屋，讓以前總是月光族的她開始有了不錯的積蓄。我有客戶只買新成屋，因為他喜歡房子新新的，而且眼見為憑，不用擔心搬進去後發現建材、面向、格局和想像有落差。也有朋友偏好中古屋，尤其是中古公寓，公設比低，坪數實在，同樣的使用坪數在低公設和低單價的前提下，總價幾乎是新大樓的一半。

　　這三種我都買過，個人特別偏好中古屋，只要慎選地點、屋況不要有大瑕疵，好好談價格，屋況整理得好，住起來也很舒服。不管哪一種，最重要的還是你的需求喔！你喜歡哪一個呢？

關鍵在預算！
有足夠的錢買房子嗎？

TIP→房貸支出佔多少收入比例才對，這並沒有絕對的答案，
重點在償債能力。

⊙算一算！買屋需要多少錢才夠

買屋的第一步，除了了解基本的房地產知識外，最重要的莫過於釐清自己的需求了。你喜歡哪一個區域？哪一個路段？喜歡中古屋、新成屋還是預售屋？喜歡無電梯公寓（公設很低）還是喜歡電梯大樓？你的總價預算多少？準備了多少自備款？需要多大的使用坪數？幾房幾廳的格局？交通機能如何？大多開車還是搭大眾交通工具？可以接受屋齡幾年內的房子？需要鄰近哪一個學區或醫院嗎？有沒有喜歡的樓層？哇！這麼多問題，你回答得出來嗎？

以上所有的問題，除了「需求」外，還有一個大重點，就是「預算」。我們將「總價」預算分成「頭期款」和「貸款」。

總價 ＝頭期款＋貸款

可惜我們要準備的不是只有房子的頭期款，還有裝潢的錢和買房子需要的稅費，包含仲介費、代書費、登記規費、契稅、印花稅等。而這些，統稱為我們的「自備款」。

自備款 ＝頭期款＋裝潢保留款＋稅費

　　除了自備款外，還要評估貸款負擔能力。許多專家都建議自住的購屋族，每個月負擔的貸款（本息攤還下）不要超過家庭收入的 1/3。舉例：如果家庭月收入為 6 萬，每個月負擔的貸款最好不要超過 2 萬，以免貸款負擔過大，影響生活品質。這個比例可以當參考，但不是絕對喔！以一個月收入 2 萬的家庭，可能連 1/3 拿來繳房貸都很沉重，但是對一個月收入 10 萬的家庭，可能拿 1/2 來繳房貸都還遊刃有餘。

➔ 銀行評估的是「償債能力」

　　由於許多銀行提供的房貸都有「寬限期」，所以如果你的房子買來之後要收租，有穩定的租金可以支付利息，那麼可以改用銀行審核貸款時會考量的「收入支出比」，來評估自己可以負擔的貸款金額。所謂的「收入支出比」就是我們常聽到的「償債能力」。每一家銀行對於「收入支出比」的規定都不太相同，不過，最簡單的檢查方式，就是問自己：**依照我的收入，如果我是銀行，我敢貸給自己的額度是多少？**

　　舉例：如果我的年薪 50 萬，我要申請 20 年的房貸，這 20 年假設我維持現在的收入，我總共會賺 50×20 ＝ 1000 萬，依照我的收入，要申請 800 萬的貸款可能有點困難（畢竟我要不吃不喝才能累積 1000 萬，如果我是銀行，我一定不敢借 800 萬給自己，而且還有利息要支付，一定入不敷出）。但是如果申請 550 萬的貸款，或是將房貸延長成 30 年（我的總收入拉高到 50×30 ＝ 1500 萬），甚至是提供收入條件較好的保證人來幫我擔保，則可能敢貸給我。

　　房貸的利息之所以比一般信貸低，是因為有房子做為抵押。**因此，一般房貸評估的條件，包含了房子本身的價值（鑑價）和貸款人的償債**

能力。依照收入，你能負擔多少的貸款額度呢？

自住：1/3家庭收入試算法
投資：銀行核貸收入支出試算法

總價 ＝ 頭期款 ＋ 貸款金額

頭期款 ＝ 自備款 — 裝潢保留款 — 稅費

⊕ 要為房貸負擔一輩子？

很多人想要趕快把房貸還掉，認為沒有負債，這間房子才完全屬於自己，因此心中總是會有莫名的壓力，覺得好像要負擔房貸一輩子！但是其實**許多首購族都忘記考慮一件重要的事情：「未來 5 ～ 10 年我也許會換屋！」**也許是家庭人口變多，需要的空間變大，或者是工作、生涯因素考量，需要搬家等都有可能。因此當你換屋的時候，下一個買你房子的人，就會幫你還完房貸！

怎麼說呢？舉例：你用 1000 萬元買了第一間房子，貸款 800 萬，貸款 20 年。如果你買的房子不錯，有增值潛力，過了 5 年後以 1300 萬出售。如果我們用最簡單的方式粗略換算本金，前 2 年寬限期不還本，後面 3 年攤還本金，平均一個月還 3.7 萬本金，共還 3 年，一共 133 萬，因此你的貸款只剩下 667 萬。假設你以 1300 萬出售，買方將先清償你剩餘的貸款 667 萬，其餘的 633 萬會匯入履保的戶頭。這也是為什麼**大部分的人都很害怕貸款揹一輩子，實際上卻很少人真的負擔貸款一輩子，因為當你出售時，買方就會幫你把原來的房貸還掉。**

買 房 關 鍵 問

Q 什麼是「寬限期」?

「寬限期」就是繳息不還本的期間。在寬限期內,每期只需繳交貸款利息,不需要攤還本金,由於每月要繳的金額比較少,壓力比較輕。一般銀行通常會提供2年的寬限期,部分銀行甚至提供3年或以上的寬限期。不過,由於寬限期內沒有攤還本金,當寬限期屆滿後(例如2年之後),每月除了必須支付利息之外,另須攤還本金,因而將大幅增加每月的還款負擔,而且本來要用20年還的本金,變成要用18年還完,所以每月平均要還的金額就變多了。

Q 用寬限期到底好不好?

這個問題,我曾經也想不太通。許多投資人都說就使用寬限期呀!但是對於自住來說,這間就是我的房子呀,還不是遲早都要還。你也有過這樣的想法嗎?其實要不要使用寬限期,沒有標準答案,而是取決於你的理財與花費習慣。

以剛剛的例子為例,如果你有好的理財工具,假設寬限期2年,如果那2年可以延遲還的本金(約80萬),有更好的投資工具可以為你創造比房貸利息(約2%)更好的投資報酬,那麼你就應該好好利用寬限期。例如,如果這80萬本金,可以讓你每年有穩定5~10%的報酬率,等於銀行用房貸的利息貸款給你去理財,那麼當然是好好使用寬限期,而非還回銀行,讓你的錢幫你賺錢。如果你是無法控制花費的人,或是沒有穩定的投資工具,那麼乖乖還本金,對你來說還是最好的方式,因為每月定期還貸款等於是強迫儲蓄!

等下一手買你房子的人,幫你還掉貸款的時候,你便能拿回你已經攤還的本金,還外加獲利呢!

每個人的情況與理財習慣都不同,建議好好了解自己的習慣,申辦貸款前先分別試算有寬限期和沒有寬限期每期應繳的金額,依試算結果選擇自身能負擔又適合自己的方案喔!

Q 有20年、30年期的寬限期?

有些銀行有「理財型房貸」,20年、30年期間可以只繳利息,不還本金,利率約在1.7%~2.3%之間,如果你有資金週轉的需求,也可以評估考慮喔!

如何尋找好屋標的？

TIP→ 列出地段、預算和需求，才能明確找到好屋。
若漫無目的，等於白做工。

➔ 填好這張表格，讓你找到好房子！

知道自己的預算之後，我們就要來具體化我們的需求了。右邊這個需求表是我整理出來，個人覺得很好用的工具，我在課堂上使用它幫助許多學員具體化自己的需求。

由於房子有地域性，通常我們找房子時，都會先從自己熟悉的區域開始看起。不過，就算區域很明確，也是有自己特別屬意的路段喔！

先考慮地區、地段及總預算

以我曾經居住過 6 年多的台北市內湖區為例，如果我的總價預算設定為 1500 萬元，希望買的路段是內湖區康寧路 3 段，距離東湖捷運站步行 10 分鐘內。若我想找屋齡 35 年內的無電梯公寓，沒有車位，就我的認知那一帶的公寓的成交行情約在 38 萬 / 坪左右（先猜測，錯了沒關係，先寫下來，等我們查完行情後再修正就好），以 20% 的頭期款來看，我需要準備 1500 萬 ×20% ＝ 300 萬的頭期款，而 1500 萬可以買到的建物權狀坪數是 1500 萬 / 38 萬＝約 39 坪。無電梯公寓的好處是公設很低，一般無電梯公寓的公設比可以先抓 5% ～ 10%，因為我們真正使用的室內面積是影響生活空間是否足夠的重要關鍵，所以除了

看「權狀坪數」外，還要計算「使用坪數」。

如果我們以 10% 的公設比來計算，將 39 坪權狀坪數扣掉 10% 公設，等於使用坪數約為 35 坪，夠做 3 房 2 廳的格局。這時候，再將其他我重視的條件，如：學區、格局、通風、採光等附加在下面的「其他條件」。登登登！這樣我的第一組找屋條件清單就出來了！

· 房屋條件、價格比一比 ·

	條件一	條件二	條件三
理想路段	台北市內湖區康寧路3段	台北市內湖區康樂街、東湖路、五分街	台北市南港經貿園區
交通條件	東湖捷運站步行10分鐘內	東湖捷運站步行10分鐘內	南港軟體園區捷運站步行10分鐘內
屋齡	35年內	25年內	10年內
類型	公寓	電梯大樓	電梯大樓
車位	無	有	有
總價A	1,500萬	1,800萬	1,800萬
車位預估價格B	0	200萬	250萬
平均單價C	38萬/坪	40萬/坪	68萬/坪
頭期款A×20%	300萬	360萬	360萬
權狀坪數 (A-B)/C = E	39坪	40坪	23坪
預估公設比D	10%	20%	30%
使用坪數 E×(1-D)	35.1坪	32坪	16.1坪
格局(幾房)	3房	3房	2房
其他條件 (學區、醫院、通風、採光、樓層)	明湖國小／國中學區，格局方正，採光通風好，有前後陽台，巷弄不要太小，最好基地面積大一點	不要在菜市場裏面，格局方正，採光通風好，有前後陽台，巷弄不要太小，電梯乾淨	希望有前後陽台，社區質感要好，樓下不要有店面

註：你也可以做上列的表，把看屋的資料整理出來，在比較時就能一目瞭然。

相同預算下，衡量各自的需求

由於找房子時，相似的預算可能有不同的選擇。例如，如果我的總價預算可以往上拉到 1800 萬，我希望除了無電梯公寓之外，也可以考慮有車位的電梯華廈，最好屋齡在 25 年內，這樣公設還不會太高，大約 20% 左右。可是我知道，如果堅持路段要跟上一組條件一樣，都在內湖區康寧路 3 段的話，那邊的中古電梯大樓單價可能會太高，我用 1800 萬的預算可能買到的坪數會太小。因此，我選擇同樣屬於東湖捷運站周圍，但路段比較裡面一點的康樂街、東湖路、五分街。

就我初步的「猜測」（猜測就好），那邊 25 年內的中古華廈每坪單價約 40 萬，而坡道平面的車位約 200 萬，同樣的邏輯換算下來，我需要準備的頭期款是 1800 萬 ×20% ＝ 360 萬，總價 1800 萬扣掉 200 萬的車位後，再除以每坪 40 萬的單價，我可以買得起的權狀坪數是 40 坪，扣掉 20% 的公設，我可以使用的坪數是 32 坪，只要格局方正，一樣夠做 3 房 2 廳的格局。因為我知道那一帶靠近菜市場，所以在「其他條件」那邊特別列了「不要在菜市場裡面」。如此一來，我的第二組條件也出來了！

除了可以加一點預算，犧牲路段的堅持，將無電梯的公寓換成有電梯的華廈外，有可能我也想「升級」一下路段，換到我認為更有增值潛力的地方。不過，由於路段升級後每坪的單價變高，車位也變貴了，在同樣的總價預算內，能買得起的權狀坪數變小了，加上屋齡越新，公設比通常越高，我可以使用的坪數面積也變小了。在上面的第三組條件換算下，我能夠買得起的權狀坪數可能剩下 23 坪，使用坪數只有 16 坪左右，只夠做 2 房 1 廳的格局。如果這樣也符合我的需求的話，就可以把它列在我的條件組合中，當成看屋的篩選條件之一。

需求不明確，等於白做工

我曾經聽一個仲介跟我說過，有些買方很可愛，看台北市中心、

也看三峽、林口，看套房、也看三房，總價預算落差超大，通常這種客戶東看看西看看都不會買，因為他的需求太混亂了。雖然很多書上都告訴我們要先看過 30、50 間以上才能開始出價，我還是建議大家可以先列出需求條件後，有系統地幫自己找標的看，也可以請仲介將符合條件的物件介紹給你看，這樣看屋比較容易累積經驗，也比較好釐清自己想要的是什麼喔！

⊙ 開始上網找屋去

雖然房子有預售屋、新成屋、中古屋 3 種類型，但**對初學者來說，建議先從「中古屋」開始看。除了物件數量較多外，也可以練習到較多的看屋和議價技巧。**

由於「中古屋」大多委託仲介或是由屋主自售，為了節省效率，我建議多使用網路搜尋物件功能，將符合你需求條件的物件先找出來。由於出售網站眾多，各家仲介網站都有自己接的物件資料，可以參考信義、永慶、591 等網站。

由於現在的房屋搜尋引擎做得很好，可以先將類型、總價、坪數範圍、有無車位等條件設定好後，在關鍵字搜尋的地方輸入有興趣的路段（例如：xx 路 x 段）或重要地標（如：車站、商圈等），就可以過濾條件。因為網站上刊登的價格只是開價，因此你設定搜尋條件時，價格範圍可以比你的總價預算再高 20% ～ 30%，例如：你的總價預算是 1000 萬，在搜尋物件時之區間可設定上限到 1200 萬～ 1300 萬，當成議價的空間。

另外，這個表格內有許多「假設」，包含設定的路段範圍有沒有你想要的屋齡坪數？實價登錄上的行情多少錢？車位的價格等。在填完表格之後可以針對這些「假設」──上網做功課，必要時可以修正條件，加速精準找屋、看屋的效率喔！

了解房屋的銷售管道

　　了解了房屋的種類，也要熟悉各種房子的銷售管道。只有知道我們交手的對象是誰，才能知己知彼，事半功倍。

中古屋多由仲介銷售、屋主自售

　　舉凡房子從建商過戶之後再出售的「二手屋」，我都習慣稱為「中古屋」。「中古屋」屋齡可能是0～5年（有人稱為「新古屋」。可能屋主在預售時期就買了，蓋好交屋之後才拿出來賣，或是屋主跟建商買新成屋，但買了馬上就賣），也可能30、40年。「中古屋」大多委託仲介銷售或是由屋主自售。可以參考各大仲介或到售屋網站搜尋物件，對於有興趣的物件可以直接致電約看。

預售屋的銷售管道有代銷、建商、已購的買方

　　預售屋大多藉由代銷或建商銷售，通常會有接待中心或樣品屋，也有格局圖和完整廣告文宣可供參考（代銷就是房地產業的「廣告公司」。建商可以選擇自行銷售或委託代銷公司銷售，一般常見的樣品屋和接待中心多由代銷公司負責，由建商支付廣告費和銷售佣金給代銷公司）對於有興趣的物件可以直接致電跟接待中心預約，親自到接待中心看屋。

　　大部分的預售屋在交屋前可以「換約」。所以除了代銷和建商外，有些人買了預售屋後會在交屋前考慮出售，此時可能會委託仲介或是由屋主自行出售，這些物件可以到各大仲介或售屋網站搜尋。特別注意：由於賣方通常會考慮獲利，加上賣方已經付給建商的各期款項，所以如果要買這類型的物件，一開始拿出來的現金款項會比較高，享受不到預售屋分期付款的好處。這點要留意喔！

Q 什麼是「換約」?

　　由於預售屋還沒有興建完成,購買時房子無法過戶,所以購買人會拿到一份合約,上面載明價格、坪數、戶別、付款方式、建材等細節。購買人在交屋前可以出售此份合約,稱為「換約」。由於預售屋在成屋過戶前,買方名下並無產權,因此可透過換約的方式銷售,再將獲利併入所得繳稅。

　　換約時,通常建商會酌收一筆換約手續費(不得超過房價千分之一),換約後,原來合約的權利義務由新的購買者承受,有的建商會將合約上的簽約人換成新的購買者,有的建商則填寫「讓渡書」,由原買方、新買方、建商三方簽名。

新成屋由代銷、建商銷售

　　和預售屋一樣,新成屋大多也是藉由代銷或建商銷售,通常會有接待中心或實品屋。由於格局和建材都已經完成,眼見為憑,較好評估。對於有興趣的物件可以直接致電跟接待中心預約,親自到接待中心看屋。

擔心被當肥羊？
該不該向仲介買房子？

TIP→ 在評估仲介是否專業時，我的心中自有一把尺，
但當仲介過度勤於帶看房子，就要小心落入迷思。

⊙ 3 個步驟教你從仲介中挑出好咖

有些人想找屋主自售的房子，因為不想要跟仲介打交道，也不想要多付仲介費。其實，仲介也是人生父母養，將心比心，他們有他們的專業和資源，只是因為仲介素質參差不齊，有很優秀、誠懇、專業、認真的仲介，也有不用心、不誠實的仲介。如何從中挑出好的仲介人員呢？三個步驟讓你不怕仲介勾勾纏：

1. 帶看前，電話詢問資訊時，處理是否用心

如果你連電話中跟他詢問資訊，他都不用心處理了，那這位仲介就不用約看了。

2. 帶看時，加註仲介資料在通訊錄後面

我看屋的時候通常會依照仲介的專業和服務態度，在儲存他的手機號碼時，後面加註「強」、「認真」或「Top sales」。當然，也會有些仲介被我加註「遲到」、「不專業」、「不用心」。對於我有好感的仲介，如果未來他再推薦物件，只要符合我的需求我都會盡量安排看屋，對於不用心的仲介，如果漏接了電話，我通常不見得會回電。

時間有限，人與人是否投緣還是很重要的。

3. 帶看後，介紹的物件是否都符合我的需求

通常在看屋時仲介都會詢問找屋的需求，包含坪數、價格、格局、位置等，如有合適的新進物件，會主動推薦。如果三番兩次推薦的物件都不符合你的需求（接到電話先請他提供物件資料表，對照你的需求過濾一下就可以知道了），表示他不夠用心，通常我會再重申一次我的需求，如打擊率還是太低，我就謝謝再連絡囉！

如果這個物件你很喜歡，只是仲介不 OK，可以有技巧的問他是哪家仲介公司、哪個分店的，只有他們在賣嗎？（也就是所謂的「專任約」），如果只有他們在賣，但不是他開發的，你可以打電話去那間分店，指名要找這個物件的開發經紀人，改找他幫你帶看。如果這個物件不只他們在賣，可以打電話到其他仲介問他們有沒有接這一間。

⊙ 勤勞的仲介比較可靠？小心仲介帶看陷阱！

我們都喜歡誠懇的仲介，可是小心！別因此掉入陷阱。有些「熱心」的仲介會在一天就幫買方安排看 5、6 間，然後把 CP 值最高的安排在最後一間。看了一天下來，覺得它最好，又覺得業務很熱心，就買它了。

我有一個好朋友買了現在的房子就是這樣決定的。現在回頭看，沒有覺得它特別好，而且住進去半年後就因為噪音等原因很想搬家，但那天看了一天下來，覺得它「相對」好，就這樣買單了。所以除了心裡要很明確知道自己要什麼外，一開始看屋多看不同仲介的物件也比較好。當你只跟他看一間、兩間，他當然會把條件好的優先介紹給你，而且為了取得你的好感，會多分析區域的行情和資訊給你參考，在交流的過程中也可以累積經驗。剛開始看屋時一定要特別留意喔！

萬丈高樓平地起
房子興建與銷售流程

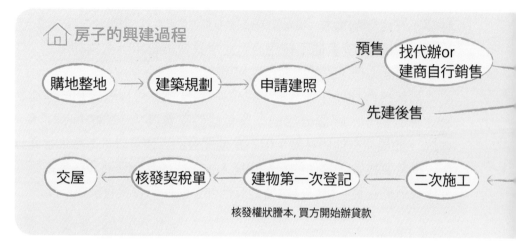

🏠 **房子的興建過程**

購地整地 → 建築規劃 → 申請建照

申請建照 ↗ 預售 → 找代辦or建商自行銷售

申請建照 ↘ 先建後售 →

交屋 ← 核發契稅單 ← 建物第一次登記 ← 二次施工 ←

核發權狀謄本,買方開始辦貸款

買屋必懂關鍵名詞

容積率

各樓層的樓地板面積(即為容積)加起來除以基地面積再乘以百分比。

例如:若容積率=500%
基地面積=100坪
總建坪=100坪×500%=500坪
如不考慮建蔽率,可蓋五層樓

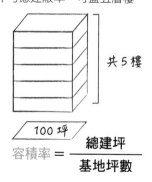

共5樓

100坪

$$容積率 = \frac{總建坪}{基地坪數}$$

建蔽率

底面積的限制。建築物在基地上的最大投影面積與基地面積的比率。

例如:若建蔽率為60%
基地面積=200坪
單一層建坪= 200坪 x 60%=120坪
其他80坪只能做公設或臨路退縮做植栽

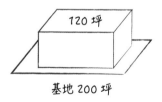

120坪

基地 200坪

$$建蔽率 = \frac{單一層建坪}{基地坪數}$$

了解房屋的銷售管道後，學習房地產，一定要知道房子是怎麼蓋的，怎麼進行銷售。所謂「萬丈高樓平地起」，所有房子的興建，都是由一塊土地開始。

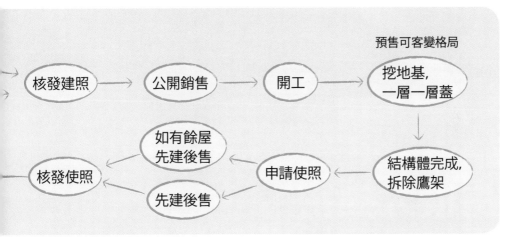

土地使用分區

「土地使用分區」規定每一筆土地的使用用途，不僅容積率、建蔽率不同外，由於建築法規規定不同，可能還有「容積獎勵」、「公設係數」等必須考慮。

以台北市「住四」土地分區為例（容積率300%、建蔽率50%）：

100 坪

總建坪 ＝ 基地坪數 × 容積率 × 公設係數
＝ 100 坪 × 300% × 1.7
＝ 510 坪

單一層建坪 ＝ 基地坪數 × 建蔽率
＝ 100 坪 × 50%
＝ 50 坪

總樓高 ＝ 510 坪 ÷ 50 坪
➜ 總樓高 10 層樓高

建照 有了格局與細部規劃後，建商會將詳細的設計圖連同其他所需的文件送交該縣市政府申請「建築執照」（簡稱「建照」）。拿到建照後，才可以開始公開銷售。

使照 房子蓋好後要申請「使用執照」（簡稱「使照」）。建商會提供相關資料，並開放基地現場供政府單位勘驗，確認實際興建與建照規劃相同，如有不符則須限期改善。通常從開工到蓋好、取得使照約需1年半到3年不等。

二次施工 如果建商在建照的規劃外另有其他施工項目，但又怕會因此拿不到使照的話，就會在取得使照後進行「二次施工」（簡稱「二工」）。常見的二工包含：將一樓的機車停放空間改為迎賓大廳、幫住戶陽台外推等。二工項目如經檢舉，就必須限期恢復原狀。

第 **2** 章

房價大揭密，
看懂房屋的真正價值！

3個購屋密碼，深入了解區域行情，
要買要賣，絕不讓你吃虧！

不懂區域行情，
小心當了冤大頭！

TIP→ 實價登錄也有可能失真，尤其是車位如何計算，
影響單價很大。

➔ 實價登錄能反映真正行情？

「愛莉，我昨天去看了一間房子，在永安市場捷運站附近，我覺得還蠻喜歡的！仲介說那邊的中古大樓成交行情每坪大約 50 萬，這一間只要 45 萬就買得到，好像不錯耶！」朋友興沖沖地說。

「永安市場捷運站剛好在永和區和中和區交界，你看的這一間是永和還是中和的門牌？」我問。

「有差嗎？還不是都在那一帶？」朋友狐疑地問。

我回答：「當然有差啦！還有，它在哪一條路？在馬路上還是巷弄內？屋齡幾年？離市場會不會太近？你查過實價登錄了嗎？這些因素有沒有考慮進去一起比較？」。

「哇！我是有稍微看了實價登錄，不過沒有看那麼細耶！為什麼要看這麼細啊？」朋友聽到這麼一大串細節很吃驚。

我笑著說：「當然要看仔細呀！不然如果你以附近大馬路的指標性社區的行情，來比較其他巷弄內的物件，或是以永和的價格買到中和的門牌，還誤以為自己買到便宜，豈不是很冤枉？」

有些傳統市場是在巷弄之中，若自住可能會有點吵雜，最好是步行約 5 分鐘左右的距離最適合。

若住家附近有大賣場，購物非常方便，對生活機能有加分作用。

就算在同一個生活圈，但行政區的門牌不一樣，也會有不同的行情。

➔ 實價登錄也有陷阱 !? 小心交易單價失真！

　　自從實價登錄在 2012 年 8 月 1 日上路，就成為大家買房出價前必做的功課。其實早在實價登錄以前，就有不少仲介主動將實際成交的價格放在網站上供查詢，實價登錄只是政府為這些資料做背書。不過，實價登錄的資料其實還是陷阱重重，怎麼說呢？

　　仲介刊登物件時，有時車位的坪數和價格沒有從總坪數和總價中拆分出來，導致建物每坪單價算出來太低。舉例：權狀登記 30 坪，開價 1200 萬元，乍看之下每坪 40 萬，可是如果 30 坪裡包含車位 10 坪，車位價格 200 萬，建物每坪開價變成 (1200 - 200)÷(30 - 10) = 50 萬 / 坪，是不是差很多呢？不僅是物件刊登有這個問題，連實價登錄都有這樣的問題，驚訝吧？

如果帶有車位

$$\text{建物每坪單價}\,(\text{萬}/\text{坪}) = \frac{\text{成交總價} - \text{車位價格}}{\text{總坪數} - \text{車位坪數}}$$

如果沒帶車位

$$\text{建物每坪單價}\,(\text{萬}/\text{坪}) = \frac{\text{成交總價}}{\text{總坪數}}$$

　　我們以「台北市內湖區民權東路 6 段」為例，在實價登錄網站上點選「房地＋車位」、「住宅大樓」可以看到以下 3 種情形的物件資訊：

1. 車位坪數和價格皆無拆分

　　有些建物有含車位，但是「車位總價」沒有登錄，點開「交易明細」車位資料亦沒有登錄車位坪數。這時系統算出來的「交易單價」就會失真，如我們剛剛學到的，當車位坪數和價格沒有從總坪數和總價中拆分，算出來的每坪單價通常就會偏低。

交易標的：	房地(土地+建物)+車位	交易筆棟數：	土地：2筆 建物：1棟(戶) 車位：2個
交易年月：	101年8月	建物區段門牌：	民權東路六段401~450號
交易總價：	**83,000,000元**	建物型態：	住宅大樓(11層含以上有電梯)
交易單價約：	**807,775** (元/坪)	建物現況格局：	4 房 2 廳 3 衛 有隔間
建物移轉總面積：	**102.75** 坪	車位總價：	
1/141	🏠地圖 📋交易明細	有無管理組織：	有

序號	車位類別	車位價格	車位面積
01	坡道平面		
02	坡道平面		

2. 車位坪數和價格僅拆分一個，「交易單價」仍失真

有些實價登錄有登錄車位坪數或車位價格其中之一，但因資訊不完整，所以「交易單價」仍會以總價除以總面積，得出來的數字仍然失真。

以下面這筆交易為例，「車位總價」登錄 360 萬，點開「交易明細」車位資料共登錄兩筆車位，卻沒有登錄坪數。

交易標的：	房地(土地+建物)+車位	交易筆棟數：	土地：2筆 建物：1棟(戶) 車位：2個
交易年月：	102年8月	建物區段門牌：	民權東路六段101~150號
交易總價：	**55,000,000元**	建物型態：	住宅大樓(11層含以上有電梯)
交易單價約：	**556,648** (元/坪)	建物現況格局：	4 房 2 廳 2 衛 有隔間
建物移轉總面積：	**98.81** 坪	車位總價：	3,600,000元
2/68	🏠地圖 📋交易明細	有無管理組織：	有

序號	車位類別	車位價格	車位面積
01	坡道平面	1,800,000元	
02	坡道平面	1,800,000元	

而下面這筆交易，車位資料登錄兩筆車位共 19.78 坪，卻沒有登錄車位價格，使得「交易單價」仍無法正確計算。

交易標的:	房地(土地+建物)+車位	交易筆棟數:	土地：2筆 建物：1棟(戶) 車位：2個
交易年月:	102年10月	建物區段門牌	民權東路六段151~200號
交易總價:	**60,250,000** 元	建物型態:	住宅大樓(11層含以上有電梯)
交易單價約:	**703,620** (元/坪)	建物現況格局:	4 房 2 廳 2 衛 有隔間
建物移轉總面積:	**85.63** 坪	車位總價:	⟨ ⟩
6/141	📍地圖 📋交易明細	有無管理組織:	有

序號	車位類別	車位價格	車位面積
01	坡道平面		9.89坪
02	坡道平面		9.89坪

3. 車位坪數和價格有拆分，且「交易單價」計算無誤

下面這筆交易紀錄來看，「車位總價」登錄 255 萬，「交易明細」內的車位資料有登錄一筆車位共 10.15 坪。

所以正確的「交易單價」為：

$$(45,000,000 - 2,550,000) \div (74.32 - 10.15) = 661,524 \text{（元／坪）}$$

這和實價登錄上登錄的交易單價 661593（元／坪）相去不遠，表示實價登錄計算單價無誤！只需要注意車位總價沒有太誇張就好（例如：內湖一般的坡道平面車位約 200 ～ 300 萬，如果登錄一個車位 400 萬就太誇張）。

交易標的:	房地(土地+建物)+車位	交易筆棟數:	土地：2筆 建物：1棟(戶) 車位：1個
交易年月:	101年9月	建物區段門牌	民權東路六段201~250號
交易總價:	**45,000,000** 元	建物型態:	住宅大樓(11層含以上有電梯)
交易單價約:	**661,593** (元坪)	建物現況格局:	4 房 2 廳 2 衛 有隔間
建物移轉總面積:	**74.32** 坪	車位總價:	2,550,000元
3/15	📍地圖 📋交易明細	有無管理組織:	有

序號	車位類別	車位價格	車位面積
01	坡道平面	2,550,000元	10.15坪

⊙ 我的小祕訣──只要 3 秒鐘，馬上得知真行情

看了上述 3 種案例有沒有覺得頭很痛？不只實價登錄有這樣的問題，連仲介網站上的成交行情查詢也有許多資料沒有將車位拆分。每次查行情都在 debug 到底資料有無將車位坪數和價格分算，還要再分類整理不同屋齡和不同類型的均價行情，資料多時，每次查完就要花上 3 個小時，實在很花時間！

為了簡化查詢工作，我請公司的技術長寫了一個程式，針對實價登錄的資料，自動驗算車位坪數和價格，還將房子的屋齡、類型分別統計，把過高或過低的剔除掉（用統計學裡的「標準差」計算方式）真的省了很多時間！分享給大家：

House123實價登錄行情查詢

price.house123.com.tw

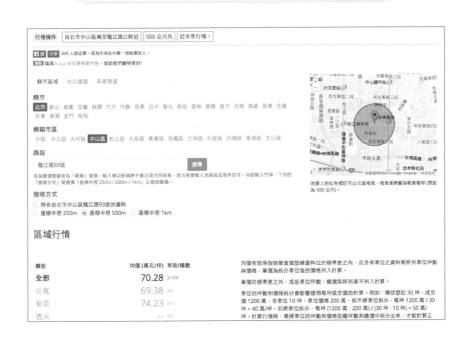

謄本資料暗藏玄機，
只花20元看透屋主成本！

TIP→ 買屋前先看懂謄本的奧妙，就能避免買到產權複雜的物件，
很值得的！

⊙買屋只看權狀不夠，一定要看謄本

每次只要有人想找我討論物件，我都會請他先調閱謄本。到底謄本上有什麼重要的資訊呢？

不動產文件中最重要的2個，莫過於「謄本」和「權狀」。「權狀」的全名是「所有權狀」，就像是房地產的身分證，屬於靜態文件，當你完成買賣、過戶，地政事務所會提供土地及建物所有權狀給你，因為是靜態的，因此也會有偽造的可能，就像身分證一樣。

至於謄本，是動態的，只要有任何抵押設定、查封、限制處分等，就會即時更新，可以完全呈現房屋的產權，所以買屋只看權狀是不夠的，更重要的是向地政機關調閱謄本，並看懂謄本。

有些人以為只有屋主本人才可以去調謄本，其實只要備妥相關資料，每個人都可以針對任何物件調閱謄本，不然你以為仲介都如何開發屋主的呢？透過調謄本可以知道屋主是誰、戶籍地在哪，連什麼時候買、貸款多少錢都一清二楚！只是屋主的姓名和身分證字號有部分會隱匿，但其他資料仍會揭露喔！

「謄本」可分為「土地謄本」及「建物謄本」。不管是「土地謄本」或「建物謄本」，內容都可以分成「標示部」、「所有權部」及「他

藉由調閱戶籍謄本，了解房子的
持有狀況，避免碰到紛爭。

項權利部」。

標示部

載明土地／建物面積、公告現值、屋齡。

所有權部

主要記載所有權人的姓名、權利範圍、戶籍地、取得時間與原因。

他項權利部

可看出土地／建物的權利、權利的種類及狀況等。

一般人對於謄本總是覺得很複雜，其實沒那麼難懂喔！我用範例
直接跟大家說明：

土地登記第二類謄本（部分）

南港區經貿段 ████-0000地號

列印時間：民國103年02月18日16時33分　　　　　　　　　　頁次：1

本謄本係網路申領之電子謄本，由好事一二三股份有限公司自行列印
謄本檢查號：████████████████，可至：http://ttt.land.hinet.net/ 查驗本謄本之正確性
松山地政事務所　主　任　　簡玉崑
松山電謄字第00██號
資料管轄機關：臺北市松山地政事務所　　　　　　謄本核發機關：臺北市松山地政事務所

************** 土地標示部 ****************

登記日期：民國097年06月16日　　　　　　　登記原因：逕為地目變更
地　　目：建　　　　　　　等則：－－　　　　面　　積：****6,277.59平方公尺
(A) 使用分區：住宅區　　　　　　　　　　　　使用地類別：（空白）
民國103年01月 (B) 公告土地現值：**255,000元／平方公尺
地上建物建號：共128棟
其他登記事項：（權狀註記事項）經貿段████建號至████建號之建築基地地號：經貿段████地號

本謄本未申請列印地上建物建號，詳細地上建物建號以登記機關登記為主

************** 土地所有權部 **************

（0001）登記次序：0212
登記日期：民國102年██月██日　　　　　　　登記原因：買賣
原因發生日期：民國102年04月12日
(C) 所 有 權 人：████████
住　　　　址：████████████████████
(D) 權利範圍：*****10000分之70********
(E) 權狀字號：102北松字第████號
(F) 當期申報地價：102年01月***43,440.0元／平方公尺
前次移轉現值或原規定地價：
102年04月　　**194,000.0元／平方公尺
歷次取得權利範圍：*****10000分之70********
相關他項權利登記次序：0██-000
(G) 其他登記事項：（空白）

************** 土地他項權利部 **************

（0001）登記次序：0206-000　　　　(H) 權利種類：最高限額抵押權
收件年期：民國102年　　　　　　　　　　字號：南港字第████號
登記日期：民國102年██月██日　　　　　　登記原因：設定
(I) 權 利 人：澳盛（台灣）商業銀行股份有限公司
　　住　　址：台北市信義區松仁路7號十二、十六、十七、十八樓
　　債權額比例：全部 ***1分之1***
(J) 擔保債權總金額：新台幣****************38,400,000元正
　　擔保債權種類及範圍：擔保債務人對抵押權人現在（包括過去所負現在尚未清償）及將來在
　　　　　　　　　　　　本抵押權設定契約書最高限額內所負之債務，包括借款、信用卡消費
　　　　　　　　　　　　款、票據、保證、透支、債務承擔、不當得利；及其衍生之債務，含
　　　　　　　　　　　　本金、利息、遲延利息、違約金、抵押權人墊付擔保物之保險費用、
　　　　　　　　　　　　對債務人取得執行名義之費用、強制執行之費用、參與分配之費用、
　　　　　　　　　　　　其他經雙方所約定之各項費用與因債務不履行而發生之損害賠償
　　擔保債權確定期日：民國１３２年██月██日
　　清償日期：依照各個契約約定
　　利息(率)：依照各個契約約定
　　遲延利息(率)：依照各個契約約定
　　違 約 金：依照各個契約約定
　　其他擔保範圍約定：１．取得執行名義之費用。２．保全抵押物之費用。３．因債務不履
　　　　　　　　　　　行而發生之損害賠償。４．因辦理債務人與抵押權人約定之擔保債權
　　　　　　　　　　　種類及範圍所生之手續費用。５．抵押權人墊付抵押物之保險費及按
　　　　　　　　　　　墊付日抵押權人基準利率。
(K) 債務人及債務額比例：████債務額比例全部
　　　　　　　　　　　　　　　　　　　　　　（續次頁）

土地登記第二類謄本（部分）
南港區經貿段　00■■-0000地號

列印時間：民國103年02月18日16時33分　　　　　　　　　頁次：2

權利標的：所有權
標的登記次序：0212
設定權利範圍：　*****10000分之70********
證明書字號：102北松字第0■■■號
設定義務人：■■■■
Ⓛ共同擔保地號：經貿段 0■■-0000
Ⓜ共同擔保建號：經貿段 0■■-000
其他登記事項：（空白）

〈 本謄本列印完畢 〉

※注意：一、本電子謄本係依電子簽章法規定產製，其所產製為一密文檔與地政事務所核發紙張謄本具有同等效用。
　　　　二、若經列印成紙本已為解密之明文資料，僅供閱覽。本電子謄本要具文書證明效力，應上網至　http://ttt.land.hinet.net/　網站查驗，以上傳電子謄本檔案，或輸入已解密之明文地政電子謄本第一頁的謄本檢查號，查驗謄本之完整性，以免被竄改，惟本謄本查驗期限為三個月。
　　　　三、前次移轉現值資料，於課徵土地增值稅時，仍應以稅捐稽徵機關核算者為依據。

· 看土地謄本必看重點 ·

Ⓐ 使用分區：看是商業區、住宅區、工業區等。

Ⓑ 公告土地現值：每年1月1日公告，做為土地增值稅與徵收私有土地補償地價的標準。

Ⓒ 所有權人：確認所有權人是否與賣方相同，與權狀上的姓名也相同，否則可能權狀是偽造文書。

Ⓓ 權利範圍：這間房子的土地持分比例。

Ⓔ 權狀字號：應與權狀相同。

Ⓕ 當期申報地價：每3年重新評估，並於1月1日公告，課徵地價稅用，與上面的「公告土地現值」不同。

Ⓖ 其他登記事項：如有查封、限制登記等情形，這裡會寫。

Ⓗ 權利種類：通常為房貸。

Ⓘ 權利人：通常是房貸，所以應不會有自然人或非銀行。如是一般人名，表示是民間私人借貸，以房子做抵押。

Ⓙ 擔保債權總金額：貸款金額×1.2倍，可用來回推購買成本，如仲介表明屋主當時貸款8成，表示買價＝（38,400,000／1.2）／0.8＝40,000,000

Ⓚ 債務人及債務額比例：通常是屋主，如果不是，則表示有其他人用此房子去抵押貸款。

Ⓛ 共同擔保地號：有時座落的土地不只一筆，因為建物可以橫跨在多筆土地上 。

Ⓜ 共同擔保建號：對應權狀一筆等於一張權狀。

建物登記第二類謄本（部分）
南港區經貿段 OO■■■-OOO建號

列印時間：民國103年02月18日16時33分　　　　　　　　頁次：1

本謄本係網路申領之電子謄本，由好事一二三股份有限公司自行列印
謄本檢查號：■■■■■■■■■■■■■■■■■■■■■■■■■■■■■■■■■■■■■
，可至：http://ttt.land.hinet.net/ 查驗本謄本之正確性
松山地政事務所　主　任　　簡玉昆
松山電謄字第000204號
資料管轄機關：臺北市松山地政事務所　　　　謄本核發機關：臺北市松山地政事務所

＊＊＊＊＊＊＊＊＊＊＊＊＊＊　建物標示部　＊＊＊＊＊＊＊＊＊＊＊＊＊＊

登記日期：民國097年07月15日　　　　　　　登記原因：第一次登記
建物門牌：■■■路■■段■■號■樓
建物坐落地號：經貿段　0■-0000
（A）主要用途：住家用
　　主要建材：鋼筋混凝土造
（B）層　　數：009層　　　　　　　　　　　　　總面積：****109.80平方公尺
（C）層　　次：二層　　　　　　　　　　　　層次面積：****109.80平方公尺
建築完成日期：民國097年06月12日
附屬建物用途：陽台　　　　　　　　　　　　　　面積：*****12.69平方公尺
　　　　　　　雨遮　　　　　　　　　　　　　　　　******5.92平方公尺
　　共有部分：經貿段0■■-000建號**2,724.74平方公尺
　　權利範圍：*****10000分之72■*******
　　其他登記事項：使用執照字號：97使字第■■■號
　　　　　　（權狀註記事項）建築基地地號：經貿段■■地號
　　共有部分：經貿段0■■-000建號***520.57平方公尺
　　權利範圍：*****10000分之510*******
　　其他登記事項：使用執照字號：97使字第■■■號
　　　　　　（權狀註記事項）建築基地地號：經貿段■■地號
　　共有部分：經貿段0■■-000建號**5,991.45平方公尺
　　權利範圍：*******154分之1*********
　　　　（含停車位編號■號，權利範圍：*******154分之1*********）
　　其他登記事項：使用執照字號：97使字第■■■號
　　　　　　（權狀註記事項）建築基地地號：經貿段■■地號
　　　　　　停車位共計：154位
　　　　　　建築基地權利（種類）範圍：經貿段■地號（所有權）10000
　　　　　　分之1167（含車位編號：4至7、11至14、18、20、2
　　　　　　1、23至38、40、41、43、47至51、53至61、6
　　　　　　6至68、73至75、84至88、93至99、103、104
　　　　　　、107至115、120至122、127、128、131、1
　　　　　　37至140、143、146至148、151、152號各10
　　　　　　000分之8，1至3、8至10、15至17、19、22、39
　　　　　　、42、44至46、52、62至65、69至72、76至83
　　　　　　、89至92、100至102、105、106、116至119
　　　　　　、123至126、129、130、132至136、141、1
　　　　　　42、144、145、149、150、153、154號各10
　　　　　　000分之7）
　　其他登記事項：使用執照字號：97使字第■■■號
　　　　　　本建物不得加設夾層，違者無條件拆除，並負擔拆除費用
　　　　　　建築基地權利（種類）範圍：經貿段■地號（所有權）10000分之6
　　　　　　3
　　　　　　（權狀註記事項）建築基地地號：經貿段■■地號

＊＊＊＊＊＊＊＊＊＊＊＊＊＊　建物所有權部　＊＊＊＊＊＊＊＊＊＊＊＊＊＊

（0001）登記次序：0007
登記日期：民國102年■月■日　　　　　　　登記原因：買賣
原因發生日期：民國102年■月■日
　　所有權人：■■■■
　　住　　址：■■■■■■■■■■■■■■■■■■■■■■
　　權利範圍：全部 *********1分之1*********
　　　　　　　　　　　　　　（續次頁）

建物登記第二類謄本（部分）

南港區經貿段 OO●●●-OOO建號

列印時間：民國103年02月18日16時33分　　　　　　　　　　頁次：2

權狀字號：102北松字第00●●號
相關他項權利登記次序：●●-000
其他登記事項：（空白）

************ 建物他項權利部 *************

（0001）登記次序：0005-000　　　　　　　權利種類：最高限額抵押權
收件年期：民國102年　　　　　　　　　　　字號：南港字第●●●●號
登記日期：民國102年●月●日　　　　　　　登記原因：設定
　權　利　人：澳盛（台灣）商業銀行股份有限公司
　住　　　址：台北市信義區松仁路7號十二、十六、十七、十八樓
　債權額比例：全部 ***1分之1***
Ⓓ擔保債權總金額：新台幣****************38,400,000元正
　擔保債權種類及範圍：擔保債務人對抵押權人現在（包括過去所負現在尚未清償）及將來在
　　　　　　　　　　　本抵押權設定契約書最高限額內所負之債務，包括借款、信用卡消費
　　　　　　　　　　　款、票據、保證、透支、債務承擔、不當得利；及其衍生之債務，含
　　　　　　　　　　　本金、利息、遲延利息、違約金、抵押權人墊付擔保物之保險費用、
　　　　　　　　　　　對債務人取得執行名義之費用、強制執行之費用、參與分配之費用、
　　　　　　　　　　　其他經雙方所約定之各項費用與因債務不履行而發生之損害賠償
　擔保債權確定期日：民國1●2年●月●日
　清償日期：依照各個契約約定
　利息(率)：依照各個契約約定
　遲延利息(率)：依照各個契約約定
　違　約　金：依照各個契約約定
　其他擔保範圍約定：1・取得執行名義之費用。2・保全抵押物之費用。3・因債務不履
　　　　　　　　　　行而發生之損害賠償。4・因辦理債務人與抵押權人約定之擔保債權
　　　　　　　　　　種類及範圍所生之手續費用。5・抵押權人墊付抵押物之保險費及按
　　　　　　　　　　墊付日抵押權人基準利率
　債務人及債務額比例：●●●●●●債務額比例全部
　權利標的：所有權
　標的登記次序：0007
　設定權利範圍：全部 *********1分之1*********
　證明書字號：102北松字第00●●號
　設定義務人：●●●●●
　共同擔保地號：經貿段 00●-0000
　共同擔保建號：經貿段 00●-000
　其他登記事項：（空白）

〈 本謄本列印完畢 〉

・看建物謄本必看重點・

Ⓐ **主要用途** 看是不是住家用。

Ⓑ **層數** 總樓層。

Ⓒ **層次** 座落在第幾樓。

Ⓓ **擔保債權總金額** 和土地謄本上的金額應相同。

注意 1

抵押權人的部分

　　特別要注意的是「他項權利部」，由於一般人買房子大多會使用房貸，有向銀行貸款的土地和房子，在謄本上「他項權利部」的「權利人」會出現金融機構，權利種類通常為「抵押權」。**如果有出現其他非金融機構的抵押權人，甚至出現自然人的名字，表示屋主可能有跟民間單位借貸，甚至可能是地下錢莊**。有些屋主因為缺錢，除了跟銀行借貸外，還有跟民間單位借貸二胎、三胎，如房子被法拍，必須先還完銀行的貸款後，第二順位、第三順位的債權人才可以針對餘額求償，因為風險較大，所以二胎、三胎的利息通常很高。如調謄本發現屋主借貸很多胎，表示他的經濟狀況不太好，真的很缺錢。

　　除了「權利人」外，「他項權利部」的「設定義務人」通常和所有權人相同，如果出現其他人的名字要特別留意，可能是其他人以此土地、建物作為抵押貸款。有些房子的所有權人是爸爸，但被兒子拿去抵押貸款，就知道屋主的兒子有經濟上的壓力……可能也是屋主為何要賣房子的原因。

注意 2 有沒有「擔保債權總金額」

　　此外，如有辦理房貸，「他項權利部」會出現「擔保債權總金額」，通常為貸款金額的 1.2 倍。例如：擔保債權總金額為 3840 萬，表示屋主當初跟銀行貸款金額為 3840 萬／1.2=3200 萬。

　　「擔保債權總金額」資訊在議價時特別好用，以上述的例子來看，如果屋主說他急需用錢，而房子才剛買不到 1 年，可能還在寬限期內，表示他的本金可能沒還掉多少。這種情況下，要他賣低於 3200 萬幾乎是不可能的事，因為賣掉房子所拿到的錢連還掉房貸都不夠，根本沒有多的錢可以滿足他急需現金的需求。但如果從仲介打聽到他急需現金 300 萬，那 3600 萬有可能是他願意賣的價格（3200 萬把房貸還掉，

另拿到 400 萬扣掉稅費等，還夠滿足他的資金需求。）

　　另外，「擔保債權總金額」資訊對推敲屋主的取得成本也有幫助。例如：擔保債權總金額為 3840 萬，表示屋主當初跟銀行貸款金額為 3200 萬。如果屋主當初貸款 7 成的話，屋主當時的購入成本則為 3200 萬 ÷ 0.7 ＝約 4570 萬。<u>要特別注意的是，這個計算只能當成推估喔！因為每個物件、每個人的貸款成數都不同，因此不能當成萬靈丹</u>。舉例來說，屋主如果貸款 8 成，則屋主當時的購入成本即為 3200 萬 ÷ 0.8 ＝ 4000 萬；反之，如果屋主當時的貸款為 6 成，則屋主當時的購入成本為 3200 萬 ÷ 0.6 ＝約 5333 萬。可以透過與屋主、仲介聊天交流資訊時，多方了解。當然，如果屋主取得的時間是在 2012 年 8 月以後的話，就可以同步比對實價登錄喔！

注意 3　留意「共同擔保地號」和「共同擔保建號」

　　有些建物坐落的土地不只一筆，需核對共同擔保地號及建號是否與所有權狀相同，如果不同，可能屋主只拿一塊土地做出售，可能是有瑕疵的產權。通常合格的仲介應該在接受委託時先調查產權，不過，如果遇到不夠盡責的仲介，就可以自己調閱謄本先看一下。<u>只要短短 20 分鐘，花個幾十元就能避免買到產權複雜的物件，很值得的！</u>

　　謄本上有許多重要資訊。有時仲介說賣方是一手屋主，一看謄本發現其實是剛買 1 年的投資客……從謄本中也可以推算屋主的貸款大概還剩多少錢、他當時可能買多少、屋齡多久等。我曾經看過一個房子，它的「其他登記事項」有「查封」字眼，一問之下才知道曾有一任屋主是從法拍的途徑取得這間房子，但沒有去塗銷資料，因此可以推估他取得的成本很便宜，這些都是議價時可以參考的重要資訊喔！

密碼

3

3招必殺技，了解區域行情，房價省下25%！

TIP→ 每次看屋回來，我會花時間根據區域行情做好完整的筆記，方便自己比較參考。

方法
1

直接找仲介了解大概行情

　　大家剛開始看屋，一定很容易對行情感到疑惑，尤其是開始查詢實價登錄後，會發現明明都在同一個生活圈，相似的屋齡和樓層，為什麼有成交每坪30萬的，也有成交每坪35萬的？這是因為成交行情，其實是一個價格區間，從來就不是一個固定的價格，只是我們可以從中計算「均價」（建物每坪的平均單價）。就算在同一個生活圈，不同的路段、不同的巷弄就是會有不同的行情，所以在分析行情時一定要特別細心才行。

　　對於剛開始看房子的朋友，我個人認為最好的方式就是直搗黃龍 —— 實際走訪仲介門市，表明你剛開始在找這一帶的房子，對行情還不熟，問他們有沒有地圖，可否跟你說明一下這附近的區域行情。如果你遇到的仲介夠專業，就會將區域分成許多小區域，針對不同的小區域分別分析行情給你聽。

先做功課：路段、巷弄行情各有不同

　　以我熟悉的台北市內湖東湖為例，東湖可以簡單分為以下幾個區域，每一小區的行情都有很大的差異：葫洲捷運站附近的內湖二期重

劃區（成功路 5 段和康寧路 3 段路口東北側）、明湖國小、明湖國中一帶（康寧路 3 段）、東湖路一帶（東湖路上的門牌號碼越小的，表示越靠近康寧路 3 段，行情越高。如果是巷弄裡的房子，則和巷弄位置與巷弄寬窄有關）、康樂街（康樂街 85 巷前，較接近東湖國小，行情比較高；康樂街 85 巷後，較靠近東湖國中，因為離東湖捷運站較遠，行情略低一些）、五分街、安康路（菜市場街，離東湖捷運站很近，但菜市場的環境比較亂，白天早市較為喧囂吵雜，行情則依是否位於市場裡面而異）。

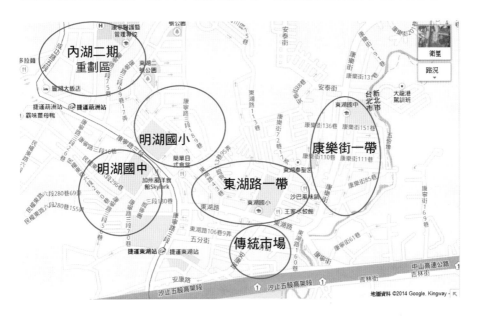

　　熟悉每個路段的行情有個好處，一樣都是東湖捷運站附近，如果仲介今天通知我有間在東湖路頭的公寓，屋主急售，每坪只要 35 萬就賣，我一定馬上去看，如看過 OK 我馬上就用每坪 28 萬下斡旋，慢慢加到 32 萬。反之，如果那間公寓是在康樂街頭，可能 26 萬以下才會考慮買，價格馬上差快 15%。仲介可能告訴我，東湖捷運站附近的平均行情是 40 萬，這一間只要 32 萬，很便宜……他說的平均行情 40 萬可能是對的，可是那是捷運站附近街廓漂亮路段的成交價，和狹小巷弄間的物件行情可是差很多喔！如果不是對區域行情有全盤的認識，我一定不敢這麼快做決定，也容易被仲介誤導。

整合仲介意見、衡量自己需求

除了說明你詢問的小區域之外，仲介可能還會跟你分析大區域的區域行情。經過仲介的介紹，我將內湖分為以下幾區：正內湖（捷運西湖站、港墘站、文德站、內湖站、大湖公園站）、東湖（捷運葫洲站、東湖站）、內科園區（瑞光路一帶，目前離捷運較遠）、內湖四期重劃區（民權東路六段一帶）、內湖五期重劃區（行善路一帶）。

光每一區又可以針對不同的路段分析不同的區域行情。如果你有興趣，可以針對每一區找 3～4 位仲介，請他們用地圖分析給你聽，聽完十幾個仲介分析完再將資料整合一下，你也變成超級「內湖通」了！

除了利用地圖針對路段來做區域行情分析之外，如果你看的房子是較新的重劃區，大部分的社區都有建案名字。由於每個社區的特色不同，公設設計（有的社區有游泳池、健身房、閱覽室，有的社區雖然公設比將近30%，但是公共設施卻很少）、屋齡、建材、管理等也都各有特色，所以行情各有不同。

如果你喜歡重劃區的房子，一樣可以善用仲介提供的地圖，地圖上通常會標明每一個社區的位置，再上網 Google 看一下每個建案的屋齡、公設比、公共設施、戶數等，也可以針對每個社區挑 1～2 間待售的物件約看，篩選完之後大約只會剩下幾個社區符合你喜歡的條件，當這些社區有釋出物件時，你就可以好好考慮是否要購入。

做筆記、整理表格，好物件不錯過

每當我研究一個新區域時，總是會用這樣的方法土法煉鋼一次。我會花個週末挑 10 幾個物件看，回來再上網查行情、做功課，尤其現在又有 House123 實價登錄行情查詢工具可以用，非常方便，然後再挑其他的物件繼續看。以台北市的南港經貿園區重劃區的「經貿區」為例，我可以比照仲介提供的地圖，並 Google 所有社區的地址、屋齡、

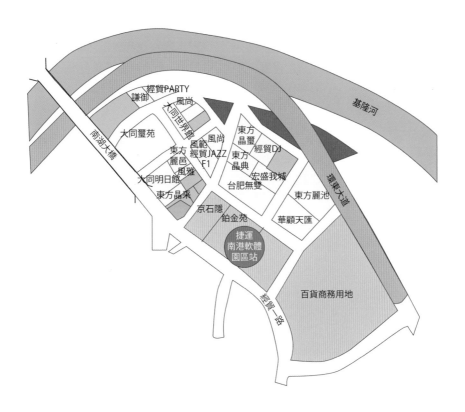

建商、坪數、公設比、戶數等整理成一張表，再從中挑選符合我坪數
需求的所有社區看一輪。就連研究台中七期重劃區、高雄美術館特區，
我也比照這樣的方式做一次。

　　你問我：「這樣不是很花時間嗎？」是啊！是很花時間，可是，
一間房子少則數百萬，高則數千萬，不值得我們花這些時間嗎？

　　至於資料要怎麼取得，基本上當你有了清楚標示的地圖，多跟幾
個仲介聊天，加上 Google 大師的幫忙，一定都找得到。許多直營和加
盟仲介都不乏專業又用心的經紀人，由於仲介深耕當地區域，對於路
段行情相當熟悉，請教他們也是一個很好的方式，又可以培養你跟房
仲成為好朋友，一舉兩得！當你對區域行情有更完整的認識，有便宜
的好物件出現時，你會更有信心，適時掌握機會！

愛莉小撇步

廣結善緣，從中篩選質感好的仲介！

剛開始接觸一個新區域的房子時，最好多挑不同仲介的物件看屋，因為，從不同仲介口中通常會接收到更多不同的資訊。例如：我今天要看某一區的房子，我會上網先瀏覽物件，挑3~4間物件約看，而且這些物件全部來自不同仲介經紀人，而非一家仲介連看4間。等到看了好幾間，開始對這一區的行情和環境比較熟時，大約也認識了十幾位這一區的仲介。這時就可以針對這些仲介中幾個比較用心、質感較好的，把需求條件列給他們，請他們幫忙留意合適的物件囉！

方法 2 > 多逛預售屋的接待中心

　　除了看中古屋，我也很喜歡逛預售屋的接待中心。除了有免費的咖啡可以喝（有時還有三明治和義大利麵可以點餐），還可看看美美的樣品屋（雖然裡面充滿各種廣告陷阱，但許多裝潢的巧思還是很值得學習）。更重要的是，在接待中心裡的那一個多小時，接待我的小姐會傾全力為我介紹關於這個區域的發展藍圖和未來 1～10 年的所有利多。（多棒的資訊！聽完她的匯整後再回家 Google 做功課可就輕鬆多了！）

　　你知道某一塊地最近被哪一個財團買下來，準備蓋商場嗎？哪一條捷運線的預算剛通過，即將實地勘查決定路線和車站地點？哪裡準備要蓋高架橋或隧道，讓對外交通更便利？哪一塊地要規畫為萬坪公園？哪一家大

從預售屋接待中心可以取得區域建設的發展資訊。

我蠻喜歡逛預售屋的接待中心，可以吹冷氣聽簡報，不過，回去記得還是要 Google 做功課。

預售屋的樣品屋有許多裝潢的巧思值得學習。

企業的總部要遷到這裡？……這些可能會影響區域行情的資訊，銷售小姐不僅已經為你整理好，還會提供圖文並茂的資料供你參考，你要做的只是記下來，回家 Google。甚至可以直接打電話給相關的公家單位或企業做詢問。

第2章 房價大揭密，看懂房屋的真正價值

只要熟悉區域的公共建設計畫，在建設完成之前先去買，自住等增值，只要腹地不要太大，供給不要過多，等到建設完成，就能買到「以後看起來便宜」的房子，如果未來有需要換屋，也可以享受一波增值的空間。

方法 3 善用 Google，它是最好的房產大師

想要探詢心中想買的房子所在的地段區域行情，當然要好好善用網路資訊，其中最厲害的我們首推為 Google 大師！

在 Google 上輸入任何你有興趣的區域，後面再加「房地產」或是「房價」，會看到許多相關的新聞或文章，你可以邊瀏覽邊做筆記，遇到不知道的新知識就再進一步請教 Google 大師，如果 Google 大師也查不到，就先記下來，下次看房子時請教仲介。

另外，當你想知道某個建案的成交價或是優缺點，也可以輸入建案名稱，搜尋結果除了會看到該建案的詳細資料、新聞稿或相關報導，也會看到許多網友實際議價的經驗分享，是個很有效率的研究管道。

不管輸入的是哪一種關鍵字，只要跟房地產有關，幾乎都會搜尋到某些討論區。如果你曾經瀏覽過這些討論串，你可能會被正反交戰的文章給嚇到。畢竟，**不管在什麼時間點，一定都有對房市樂觀的人，也有對房市悲觀的人**。這時可以參考 2 種不同觀點的網友意見，但記得，要保持中立，不要因此左右了你好好看房子的動力。不管什麼時候，都有買得便宜、物超所值的房子，也有買太貴的房子。

只要你把基本功練好，在瀏覽眾多文章與討論時，你便能夠有信心分辨房市訊息，隨時準備好自己，在好房子出現時，就能好好把握機會，不會猶豫喔！

買房關鍵問

Q 低於銀行估價的房子，一定有買到便宜？

我們都知道銀行的估價通常比較保守，因此有些仲介會以「銀行估價已經估到xx萬」來彰顯屋主的價格真的很便宜。如果屋主的價格低於銀行估價，是不是就一定安全呢？

錯！就像實價登錄裡的行情從來不是一個固定的價格，而是一個區間，銀行的估價也是一個範圍。例如，鄰近成交行情30～35萬，有銀行估價30萬，也一定有銀行可以估到35萬，當銀行貸款缺業績時，甚至有機會估到36、37萬。有些區域的成交行情落差很大，如台北市中山北路，新成屋動輒80、90萬，中古華廈很多都不到50萬，如果有銀行將某間中古屋提高估價到近60萬，而屋主要賣52萬，其實價格並沒有便宜到哪裡去，別因此掉入單家銀行估價迷思。

第3章

中古屋看屋、
議價技巧大公開！

掌握看屋重點，教你出個好價，
達人的10個技巧一定要學！

記下14個口訣，
第一次買屋就上手！

TIP→ 看屋是有訣竅，否則不管看了幾遍，依舊無法看到重點！

➔ 風火水電光，天地牆柱窗，
地段、環境、價格、收益

「愛莉，妳最近什麼時候會再去看房子？我可以跟妳去嗎？」

「愛莉，看房子要看些什麼？我每次去繞一圈不到 3 分鐘就看完了……到底要看什麼？」

「我看書上説，一間房子至少要看 3 次。晴天看一次、雨天看一次、白天晚上都要各看一次……真的要看這麼多次嗎？」

這些問題我常常被問到，尤其是前 2 個，因為許多人都不知道看房子是要看些什麼。明明是進去同一間房子繞了一圈，怎麼每次我看到的問題，出來之後問他有沒有發現，他都沒印象？！

有些專家將看房子的注意事項編成了口訣，我覺得挺好記的（前 10 個來自於幫這本書寫序的田大全老師）：

● 風（通風、風水）

● 火（瓦斯管線、室溫、消防安全）

● 水（水管管路、漏水、壁癌）

● 電（電路管線、家電設備）

● 光（採光、座向）

- 天（天花板）
- 地（地板）
- 牆（牆面、隔間、格局、動線）
- 柱（樑柱）
- 窗（門窗）

還有評估未來增值效益的八字訣：

- 地段（交通、生活機能、使用分區、長期發展性、學區……）
- 環境（景觀、居家安全、鄰居、公設……）
- 價格（售價、貸款、裝潢費用、仲介費用……）
- 收益（租金、未來房價增值性）

⊙ 萬無一失！跟著我的看屋路線準沒錯！

　　除了熟記這些朗朗上口的口訣外，看房子有許多眉眉角角，我將看屋的流程整理成一個「看屋路線圖」，就像到一個景點旅遊一樣，完整的走一次，並問「對的問題」，就萬無一失啦，跟著我一起出發！

購買中古屋前，必須先勤做功課，記好 14 個口訣，保證看屋不遺漏。

新手選屋第一步，
購屋環境仔細看分明

TIP→ 用你的火眼金睛，把附近環境、屋況一一徹底掃描，
小細節也不放過。

重點 1 走進房子前，注意路寬或巷弄寬度

消防車進得來嗎？

　　一般約看都會跟仲介、屋主約在樓下或是巷口，走進去要看的房子前，先看一下路寬或巷弄寬度會不會太窄太小，或是路邊有無停車？一般最小台的消防車寬度至少也要 2.1 米。畢竟安全是最重要的事，如果巷弄太小，或者路邊有停車，就要特別留意。

有的巷弄的寬度太小，消防車進不來，如有火災意外將無法進行救援。

是不是無尾巷？

如果是巷弄，要留意是不是無尾巷。一般巷子如果走到底沒有路了，就是無尾巷，也就是俗稱的「死巷」。

如果巷子很長看不到盡頭，那就沒關係，如果一看就看到巷子的盡頭，通常對風水有忌諱的人會在意，覺得是種「無路可走」的象徵，對健康、財運會有影響。就算你不在意，下一個買你房子的人也可能在意喔！

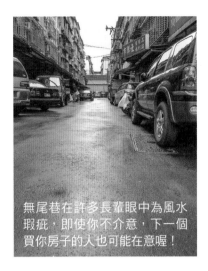

無尾巷在許多長輩眼中為風水瑕疵，即使你不介意，下一個買你房子的人也可能在意喔！

方法 2 走進房子後，每個房間先走一圈

第一印象很重要

走進房子後先感覺一下這個房子的氣場，也就是對這間房子的直覺和第一印象。

如果感覺不好，可能通風、採光條件不佳，或之前住在這個空間的人能量不太好。雖然看房子有許多技巧，不過第一印象非常重要，不要忽略你的第一印象。

走進房子後，先到每個房間走一圈，感受一下這間房子的氣場，看通風、採光條件好不好。

對照格局圖

　　用心的仲介在帶看時，應該會準備一份新的格局圖給你參考，如果他沒有準備，可以參考仲介在網路上刊登的格局圖（事先列印出來帶去）看屋時可以邊對照手上的格局圖，看開門和開窗的位置是否正確？每個房間的大小比例是否無誤？格局是否方正？陽台或露台有沒有外推？有沒有加蓋？坪數多少？（陽台外推或加蓋可以增加室內使用空間，但也可能被報拆，要求回復原狀）

看屋時可以邊對照手上的格局圖，看開門和開窗的位置是否正確？每個房間的大小比例是否無誤？格局是否方正？陽台或露台有沒有外推？有沒有加蓋？

客廳、浴廁和每間房間的通風、採光

　　對照好手上的格局圖，接下來要來感受一下每個空間的通風和採光。台灣人喜歡「明堂暗室」，也就是客廳很明亮，最好有大面採光，房間則不一定要有大窗戶。不過，最好每一間房間還是都有對外窗，保持良好的通風、採光。如果連浴廁都有對外開窗更好，可以減少浴廁潮濕的情形。

除客廳外，最好每間房間都有對外窗，保持良好的通風、採光。

房間動線

實際從客廳、餐廳、浴廁走到每個房間看看動線好不好？從廚房走到餐廳的動線是否流暢？從洗衣機的水管預留處走到晾衣服的地方是否方便？因為住起來是否方便舒適，居家動線可是佔了很大一部分因素喔！如果動線設計不良，未來變更格局還要大興土木，費用可就不小了。

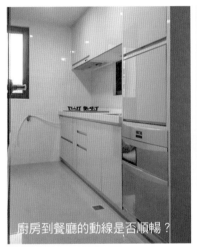

廚房到餐廳的動線是否順暢？

房間到公共區塊的動線順不順？
有沒有浪費空間？

座向

房子的座向影響了居住的舒適性。朝西的房子會有西曬的問題，夏天室內溫度會比一般高上許多。朝北的房子就需考慮冬天會不會太冷。如果能坐北朝南，那是最好了。除了詢問仲介、屋主房子的座向外，也可以使用你手機裡的電子羅盤來檢查喔！

會不會西曬？冬天迎東北風會不會很冷？

Q 朝西和朝北的房子是不是真的一定不好呢？

其實，房子的座向雖然會影響光線和風進來的方向，但還是要考慮棟距以及區域的氣候條件。一樣是朝北的房子，一間距離鄰房只有10米，另一間則是面對空曠的空地，冬天颳起北風，哪一個會比較冷呢？

此外，有些區域比較潮濕，就算有東曬或西曬的情形也沒甚麼不好，雖然室內溫度可能會高些，但相對乾爽一些，牆壁也比較不會含水氣。有些區域冬天本來就比較濕冷，如果房子坐向還朝北，冬天颳起風來可就更冷囉！

室內風水格局

中國人重視風水，最常見的三個室內風水瑕疵就是「開門見灶」、「開門見廁」和「廁所居中」。

「開門見灶」是大門一打開第一眼就看到廚房。古人説：「開門見灶，錢財多耗」。即入門見到灶，火氣沖人，使財氣無法進入。如果原來的格局不能改變，那可以考慮一下是不是加個屏風或小簾子，或是像許多小坪數的設計師一樣，做一個較高的吧檯桌將爐灶遮住，這樣就不會一進門就看到爐灶。同樣的道理是，就算你不在意，下一個買你房子的人也可能在意喔！

開門見灶是風水上的禁忌，如果格局不能改變，可以加屏風、小簾子，或做吧檯桌將爐灶遮住。

開門見廁是風水上的大禁忌，尤其對到廁所大門或是看到馬桶。

「開門見廁」是大門一打開就看到廁所，猶如穢氣迎人，「廁所居中」則是指廁所在房子的中心，風水學認為，臭氣濕氣都集中在這裡，財氣也從中間洩掉，有大漏財的風險。由於廁所的管道間要移比較不容易，如果你看的房子有以上 2 種問題，除非有破解的方法（例如：「開門見廁」可以考慮以門簾或屏風遮擋，或將廁所門作隱藏門）並且以這個風水瑕疵，好好的殺價一下，買到真的很便宜的價格，不然的話建議不要考慮喔！

買 房 關 鍵 問

Q 如果我現在住的房子有「開房見廁」的問題怎麼辦？

其實，大部分的風水瑕疵都有方法可以破解。如果可以放一個
屏風遮擋當然最好，如果真的不行，還有一個妙招是風水老師教
我的：你可以在廁所的門上裝一個門簾（長度過半），平時
如廁完就把馬桶蓋蓋上。再用一張約50元硬幣大小的紅色紙，
上面寫著「焱」，貼在家裡的大門上（對著廁所的那一面）。

因為廁所代表濕氣、穢氣，而「焱」代表太陽，將太陽對著廁所
就能消除廁所的濕氣、穢氣。是不是很簡單呢？

焱

方法 3 走到每個窗戶邊觀看細節

窗戶檢查

走到每個窗戶，仔細看一下是加厚的隔音窗、氣密窗還是一般的
窗戶？關起來之後有無縫隙？好關嗎？

一般來說，氣密窗沒有隔音的效果，因為窗的架構細，不足以承
載厚重的隔音玻璃，但是可以防風
防雨。隔音窗則包含氣密、隔熱與隔
音。一個好的隔音窗的外框與內框十
分密合，使用的玻璃種類和厚度也很
足夠。看屋的時候可以問仲介或屋主
該物件提供的是隔音窗、氣密窗還是
一般的窗戶，然後把所有的窗戶關起
來，看看隔音性如何。因為重新訂做
窗戶的費用不低，加上有些社區的管
委會規定住戶的窗戶必須統一找特定
的廠商施作（以維持同樣的外觀），所以
在看屋時要多加留意。

檢查窗戶的種類，並將所有的
窗戶關起來，看看隔音性如何，
如果還是聽的到戶外的噪音，
就表示隔音效果不理想。

84

棟距夠不夠

　　就算房子有四面採光，倘若每一面都被鄰房擋住，這樣的採光和通風也會大打折扣。所以，看屋時記得從窗戶往外看一下與隔壁棟的距離，如果棟距太近，甚至還看得到隔壁鄰居在做什麼，那就真的太近囉！

從各個窗戶往外看一下與鄰房的棟距，因為棟距會影響居住隱私、通風和採光！

室外風水是否合宜？

走到窗戶邊，看每一個窗戶有沒有對到路沖、反弓煞、天斬煞、壁刀煞。

●路沖

房屋大門直接面對巷子或馬路即為「路沖」。有些人對於社區車道上的房子也認為有路沖的疑慮，尤其是車道正上方2樓的房子。一般車道上2樓的房子大多為整個社區中價格最低的，如果個人真的不忌諱，在議價時，也要記得談低一點喔！

●反弓煞

前面有天橋、高架橋、捷運、街道或水溝成反弓形，而彎角直沖大門或窗口即為「反弓煞」。相反地，如果前面有水溝成弓形，順著大門的方向蜿蜒，像把房子懷抱起來一樣，以風水來看有匯集福氣的象徵，反而是好風水喔！

●天斬煞

房屋面對兩幢高樓大廈之間的一條狹窄空隙即為「天斬煞」。

●壁刀煞

房屋大門或窗口直接面對其他人房屋的壁面邊角即為「壁刀煞」。

壁刀煞

方法 4 ▶ 室內屋況仔細檢查

廚房、浴室仔細看

●檢查水流

走到浴室和廚房，開一下水龍頭，順口提問：「是自來水吧？」看水流是否乾淨，流量大不大。可以拿幾張衛生紙丟進廁所的馬桶試著沖水看看，也可以把蓮蓬頭、水龍頭的水同時打開，再同時沖馬桶，看水流會不會因此變小，是否有水壓不足的問題。

浴室和廚房的牆壁、天花板最容易有滲水、漏水、壁癌等問題，不可不慎！

●檢查滲漏水

用手摸一下浴室和廚房的牆壁，看一下天花板，看有沒有滲水、漏水或是壁癌。

●其他配備

看一下浴室和廚房磁磚是否平整，配備是否適合你的需求。

看一下浴室和廚房有無滲漏水痕跡，配備是否適合你的需求。

天、地、牆

●天花板會不會太低？

　　一般的樓層高度大多為 3
米，扣掉樓地板的厚度約 15 公
分後，淨高只剩下 2.85 米左右，
如果屋主的天花板做的太低，
就會有壓迫感。

　　有些房子雖然有挑高，但
屋主為了增加使用面積，可能
會做夾層。當夾層的面積過大
或是高度沒規劃好，也容易給

夾層的房子只要挑高高度及天花板設
計得好，是不會給人不舒服的壓迫感。

人不舒服的壓迫感。看屋的時候，除了考量自己的身高外，別忘了也
要從家裡身高最高的人的角度來體驗，如果看屋的那十幾分鐘感覺還
好，不如多在室內停一會兒，看看會不會有壓迫感。

●地板是否平整？

　　除了善用小彈珠外，如果
身邊有裝水的保特瓶，也可以
把它放在地上看會不會滾走，
來測試地板有沒有傾斜。另外，
也要注意地板接縫是否平整，
磁磚或木地板有沒有翹起來或
熱脹冷縮的現象。

注意地板的平整度，有沒有凸起或地
磚破裂情況。

●檢查牆壁、樑柱

　　用手指的關節敲一下，檢查每面牆的材質是磚牆、輕隔間（C型鋼兩邊加隔音棉再鋪矽酸鈣板）、木板還是鐵皮？是實心還是空心？並看一下牆面、樑柱有沒有壁癌、龜裂。

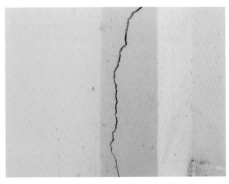

仔細檢查每面牆的材質，用手敲敲看，並仔細看牆面、樑柱有沒有壁癌、龜裂現象。

電源

●插座數量與位置

　　如果看到這裡，目前為止這間房子都符合需求，條件也不錯，那就可以仔細檢查一下每個房間插座數量和位置是否合用。不過，插座相對是小事，真的不夠用的話，裝修時請水電師傅再拉線即可。

插座的位置及數量是否適當？

●總電源開關

　　最後要走之前，請仲介、屋主給你看一下總電源開關的地方，看電線是否整齊？有無外露？

電線管路是居家安全最重要的環節之一，從總電源開關的線路是否整齊、有無外露可以看出端倪。

方法 5 別忽略公共空間和頂樓

●頂樓

不管是電梯大樓或公寓,看完後一定要到頂樓看一下,看有無加蓋。如果你買的不是頂樓,最好找沒有加蓋的,空間比較好使用(要曬棉被比較方便)。如果有加蓋,一定要找沒有蓋滿的,還留有露台或平台空間,且樓梯間沒有另外安裝鐵門的,以免火災發生時無法跑到頂樓等待救援。

●樓梯間

順便看一下樓梯間有沒有堆東西?從樓梯間是否乾淨也可以看出鄰居的素質。

頂樓最好沒有加蓋或至少沒有蓋滿的,
空間比較好使用。

樓梯間最好不要有擺放鞋櫃或
雜物的情況。

●地下室

　有些公寓有地下室，除非地下室有獨立產權，否則如果是公設，一定要實地下去看，頂樓、地下室是公寓裡的三不管地帶，許多屋況問題都看得出來蛛絲馬跡，一定要謹慎。

●公設使用情形

　如果有公設，也一定要親自看公共設施的使用狀況，看是否有人管理？詢問是否有管委會？管委會運作情形如何？並確認一下每個月的管理費。

這是我家大樓的公共設施，有一個小水池和白砂，夏天可供小朋友嬉戲。

如果有公設，一定要親自看公共設施的使用和維護狀況。

方法 6 如果你買的是頂樓

要注意防水與隔熱

如果你看的是頂樓，一定要問樓頂有沒有做好防水和隔熱工程。常見的防水方式為塗防水漆，隔熱常見的做法則有搭建鐵皮屋頂、用 PS 隔熱板作屋頂隔熱、使用遮光網，或塗隔熱塗料。如果防水和隔熱是用塗料的話，要問是幾年前做的，塗了幾層？一般來說，塗越多層效果越好。

如果你看的是頂樓，一定要特別留意頂樓的防水工程。

確認頂樓加蓋的時間

如果你買的頂樓有加蓋，由於台北市建管局的規定，84年1月1日以前蓋的頂樓加蓋為「舊違建」，市政府定義為「列管」，除非有再外推出去，否則則為「緩拆」。

如果是 84 年 1 月 1 日以後蓋的，則是「即報即拆」，如果又曾經被報拆過，則購買的風險很大。而其他縣市雖然沒有這個規定，但我曾請教過建管局的朋友，這條規定對他

空照圖的申請單位為農航所，購買頂加前一定要去申請 83 年 12 月 31 日和現在的空照圖，確認當時頂樓是否就已經加蓋好了，加蓋面積是否相同。

們來說也算是個潛規則，多多少少會參考。

所以，一定要問清楚頂樓加蓋是在民國 83 年 12 月 31 日以前蓋的還是之後蓋的，如果是之後蓋的，千萬不要買，因為是即報即拆。如果是之前蓋的，可以請仲介到農航所幫忙調 83 年 12 月 31 日和現在的空照圖，看是否當時頂樓就已經加蓋好了，加蓋面積是否相同。

買 房 關 鍵 問

Q 民國83年底以前蓋的舊違建就不會拆嗎？

不管是83年年底以前蓋的，還是之後蓋的，違建就是違建。只是緩拆和即報即拆的差別而已。有些縣市只要你有裝修，鄰居打電話去建管處檢舉，就有報拆的風險。所以在買頂加時要特別注意不同縣市的法規。

方法 7 如果有帶車位

車位大小

如果房子有帶車位，請一定要親自去察看，確認可否停得下休旅車。如果是機械車位，雖然第一次看屋可能不會實際操作停車，但如果房子喜歡，考慮要買了，一定要實際停一次，看看是不是好操作喔！

機械車位的保養和是否好操作很重要，如果房子考慮要買了，一定要實際停一次，看看是不是好操作。

有沒有獨立權狀

車位分三種：「法定停車位」、「增設停車位」、「獎勵停車位」。「法定停車位」的停車位坪數通常含在建物公設坪數裡，不得外

售給非大樓或社區的所有權人，甚至還有區分為：有所有權或是只有使用權。大部分的車位都有編號，每一戶要使用哪一格都是固定的，但也有少數社區的車位需要每半年輪流或抽籤分配位置。至於「自行增設停車位」及「獎勵增設停車位」，只要有獨立權狀就可以單獨買賣。所以看房子時需確認一下車位是否有獨立權狀？還是含在公設中？是有產權還是只有使用權？需不需要輪流或抽籤？

其他

觀察住戶車輛數量與品牌，藉以了解社區住戶的入住率與經濟能力。

 ## 方法 8 走出房子，看看環境

交通與生活機能

如果你對附近的生活環境不熟，看完房子後可以請仲介或屋主帶你繞一下周圍的環境。

搭大眾交通運輸通勤的人要特別留意走到車站要多久？途中的路燈照明設備是否完善？是否有商家？出入馬路是否方便？生活機能是否方便？

仔細看看周遭的環境，若有便利商店，生活機能會方便許多。

看房子一定要注意附近周遭的環境，搭大眾運輸工具方不方便？離市場有多遠？都要列入評估的要件中。

如果你看的是公寓

可以順便問一下附近哪裡可以租車位（就算你現在不開車，未來可能會有需要）車位每個月租金大約多少錢？好租嗎？室內還是室外？

愛莉貼心提醒

看完房子一定要將資料建檔、歸檔！

看完房子後，記得將物件的所有資料和仲介或屋主的名片訂在一起，並標明看屋日期。所有看屋時間到或觀察到的資訊，包含在看屋前已經用電話問到的資訊（尤其是正確的坪數拆分，和建物每坪的實際開價）一定要全部記下來。

有的人說看過100間房子之後才能開始買房子，相信我，如果你看過100間都沒有用心看對地方，你只是很熟練「看屋」這個過程而已，是不會累積心得的。相反地，如果你每間房子都仔細看，問對問題，並且將它們紀錄下來，一件一件建檔、歸檔，你看完30間時已經有一定的實力，可以開始練習出價了。

技巧 **3**

精準看屋，
一定要問的6個問題

TIP→ 問對問題，除了不被當肥羊宰之外，也能避免買到瑕疵屋。

問題 **1** 目前出售情形如何？

　　在看房子時，可以邊問仲介或屋主，這間房子買多久了？要賣的原因為何？賣多久了？是否有緊急資金需求？之前有人出價嗎？出多少，屋主有出來談嗎？以上等問題可以做為你出價、下斡旋或要約、議價的參考。

　　雖然看屋時要打聽屋主的售屋動機和之前其他人出價的情況，但是屋主或仲介說的也不要完全相信喔！有時候你看了很喜歡，仲介說，之前有人出價 1000 萬但屋主仍不肯出來談，結果你出價 800 萬，仲介一直叫你下斡旋，他要約屋主出來談……像這類的例子也不在少數，所以問到的資訊當參考就好。

問題 **2** 附近的學區是哪些學校？

　　現在的爸媽很重視小孩的教育，尤其在 12 年國教上路後，學區更顯得重要。看房子可以順便問一下所屬的學區是哪個國小、國中、高中，並看距離多遠。

　　特別留意的是，高中的學區規劃以「直轄市、縣市行政區」為原

則，目前規劃為 15 區，分別為：基北區（包括基隆市、臺北市、新北市）、桃園市 （包括桃園市、連江縣）、新竹苗栗縣市（包括新竹市、新竹縣、苗栗縣）、中投區（包括臺中市、南投縣）、彰化縣、雲林縣、嘉義縣市、臺南市、高雄市、屏東縣、臺東縣、花蓮縣、宜蘭縣、澎湖縣、金門縣。

以「基北區」為例，北市、新北市、基隆市等三市將視為同一個學區，不需像國中小學非得把戶籍遷到學校旁，避免出現家長遷戶口、搬家、炒房效應。換言之，住在台北市建中旁邊與住在台北市文山區、新北市樹林區的升學機會相同。看房子時可別被廣告呼嚨了喔！

許多知名學區是附近房價的票房保證，就算不是知名學區，也要問清楚所屬的學區是哪個國小、國中，並看距離多遠、小朋友上學是否方便。

問題 3　土地使用分區為何？

常見的土地分區有「商業區」、「住宅區」、「工業區」。「商業區」的好處是可以登記公司，當辦公室使用，缺點是因為同一社區裡可能有公司行號，出入會比較複雜，常見的「住辦混合」屬於這類，要注意買到的房子用途是「住家用」而非「一般事務所」（辦公室）。「住宅區」的住戶相對比較單純。而「工業區」的房子雖然價格約為鄰近行情的 6 折，但主要用途通常只能做工業用途，以常見的「乙種工業用地」為例，上面的房子只能做事務所、一般零售業等用途，不能做住宅使用。不僅有許多銀行不承作貸款，就算有承作，最高成數也只能 5 ～ 7 成不等。此外，由於建照規劃並非供住宅使用，政府可針對

住戶罰款，且可連續處罰，加上未來房子增值的幅度也比住宅區和商業區的房子少，購買工業用地的房子前最好多加考慮。

買房子除了看土地使用分區，還要留意建物謄本上的主要用途，看看是住家用、一般事務所、工業用、商業用等，不要輕信仲介的說法，才不會誤踩地雷喔！

買房關鍵問

Q 工業用地的房子水電費會不會比較貴？

在水電費用部分，水費自用與營業費率均相同，但電費有分為住家及營業用電二種，工業用地為營業用電，因此電費也較一般住家來的高。

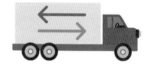

問題4 服務費是多少？

如果是透過仲介介紹，需要先跟仲介確認買方的服務費是收幾％；大部分的加盟店是 2%，直營店是 1%。雖然仲介服務費是可以議價的，但別在一開始看屋時就想砍仲介的服務費，可以等最後議價跟自己預算差一點點時，跟仲介商量少收一點仲介費。

問題5 產權是否單純？是否為瑕疵屋？

看屋時可以問仲介或屋主產權是否單純？有沒有輻射、海砂、事故屋的疑慮？這裡先口頭詢問就好，如果真的要議價，可以請仲介提供房地產「現況確認書」，裡面有詳細資料，也可以在斡旋和簽約時在合約上要求，於簽約後由買方付費做輻射和海砂（氯離子含量）檢測，如果測出來太高，則可無條件解約。

不動產標的「現況確認書」是由屋主填寫、針對房屋與土地現況

的「聲明書」。一般買方最害怕買到海砂屋、輻射屋、事故屋，也想知道土地及建物目前現況管理與使用情形（如：增建情形、有無分管協議等），都可以由「現況確認書」中得到保障。仲介接受屋主委託時會請屋主填寫，可跟仲介要求審閱，簽約時也要將此「建物現況確認書」做為合約附件，以增加保障。

買 房 關 鍵 問

Q 可以請屋主在議價前先驗海砂屋嗎？費用該由誰出？

「海砂屋」指蓋房屋時混凝土所用的砂，是來自海邊的海砂而非正常使用的河砂。海砂含有氯離子，長期會加速鋼筋腐蝕，造成混凝土塊剝落，嚴重損害房屋結構體。由於海砂屋檢測時需在房子的樑柱附近打3個小洞，去檢測所使用的砂所含的氯離子是否正常（取3個數值的平均值看是否超過檢驗標準），除非本來的屋主就已經做過氯離子檢測，或是之前的建商有提供報告，不然，在雙方價格都還沒談攏前，應該沒有人想讓別人在自己的房子打3個洞吧？所以，實務上的建議是，等議價成功後，在簽約上加註要求屋主讓你自費做檢測（費用通常幾千元），如果測出來的平均值高過標準值，則可無條件解約。

問題
6 ＞附近沒有嫌惡設施？

附近有沒有宮廟、福地、焚化爐、殯儀館、垃圾掩埋場、電塔、發電廠、變電所、加油站等。如果離電塔很近，就算仲介說未來有遷移或地下化的計畫，也要當成它沒有要遷移，如果你還是覺得可以接受的話再買喔！

例如：我有一個朋友，在 3 ～ 4 年前買了一間板橋殯儀館附近的中古屋，而且價錢很便宜，那時她聽說殯儀館未來即將搬遷，結果等了好幾年都沒有搬遷的跡象，她想賣也賣不到好價錢……

避免買到瑕疵屋，
看屋必帶的實用小物！

TIP→ 看屋時，有些小道具我一定會帶。
有時一個保特瓶就能讓屋況無所遁形。

　　為了提高看屋的效率，看屋時有幾個必備的小工具一定要隨身攜帶喔！

物件資料、紙筆

　　在約好看屋之後，請你先把仲介或屋主在網路刊登的資訊先列印下來。如果你在看屋前，有先請仲介提供坪數拆分（主建物、陽台雨遮、公設、車位坪數）、格局圖、位置等資訊，也請一併自己註記在列印出來的資料上。

　　看屋時，大部分用心的仲介會另外再準備一份物件資料表和格局圖。如果仲介或屋主沒有準備，你事先列印好的資料就可以派上用場了。記得帶一支好寫的筆，可以將看屋時的筆記紀錄在資料上。

相機

　　看屋的時候是不是要帶相機？答案是：YES！至於可不可以拍，如果是空屋或公設，基本上都可以拍，如果屋主還住在裡面，可以問一下仲介是否方便拍，好讓你回家可以考慮或跟家人討論。如果仲介說不方便，就尊重屋主的隱私吧，直接參考仲介或屋主刊登的照片。

錄音筆

　　有時候看房子時不方便將仲介或屋主說的話一個一個記下來，這時候可以善用錄音筆或手機錄音喔！看屋時將錄音功能打開，放在包包裡，回家時如發現哪個資訊忘記了就可以聽喔！

手機

　　雖然大部分的屋主和仲介都是好人，但是看屋時還是小心謹慎，注意安全。如果你是自己一個人看屋，請記得隨身攜帶手機，保持手機通訊良好，並告知家人朋友你的看屋行程。

其他工具

　　衛生紙（丟馬桶試水壓）、彈珠或礦泉水（放在地上看地板有沒有傾斜）、小夜燈（試插座有沒有電）、捲尺或測距儀（量室內面積，做為裝潢設計和家具擺放參考）、水平儀（看牆壁和柱子有沒有傾斜）……等。

　　有一次我到內湖看一間公寓，價格很便宜，比附近成交行情大約低 10%，格局方正，採光、通風也很好，就在我準備要下斡旋時，手上拿的保特瓶忽然掉到地上，滾了很遠！我覺得很奇怪，就把保特瓶拿起來再放一次，發現樓地板的水平根本不平！雖然仲介口口聲聲說裝潢時，可以請師傅重新抓水平再做地板，就不會傾斜了，但傾斜的房子通常結構也會有問題！還好有那及時的一摔，讓我免於買到傾斜屋！

ATM 卡或支票本

　　如果你是請仲介帶看，看了之後真的很喜歡，想要請他幫你出價，為了表示誠意，這時候就要祭出「斡旋金」了！一般來說，大約 5～20 萬就夠了，不建議更多，用現金或支票都可以。所以，看屋時建議還是帶著提款卡或支票本，免得真要下斡旋時還要再回家跑一趟。

學會推算合理價，
總價省下100萬以上！

TIP→ 頂樓加蓋頂多抓與2樓同價；有夾層的坪數不用算進去，
這些你都知道嗎？

⊙ 行情價必須減去需整修的預算

不論開價多少，也不管打聽到的價格資訊為何，最終你的出價還是要以你推算的合理價為準。合理價格該如何算呢？還記得「成交行情查詢」和「區域行情分析」嗎？這些行情資訊就會成為你心中推算合理價的那一把尺，再斟酌裝潢、屋況、格局、採光、視野、樓層等個案因素給予些許加減。

舉例：如果之前做的功課顯示出這一帶 25 年的電梯大樓成交行情大約為 48 萬／坪，平面車位大約 200 萬元，以一個建物權狀 30 坪的房子而言，當你在推算合理價時，最基本的合理價就是：48 萬／坪 × 30 坪＋ 200 萬＝ 1640 萬。若此物件屋況較差，例如有壁癌或裝潢老舊，推估需要花 50 萬整修，那麼剛剛算的合理價必須要扣掉 50 萬才合理。另外，我也經常被問到以下幾種個狀況：

⊙ 一樓公寓如何推估合理價？

一樓的房子需要考慮是否有店面效益？門前是否有庭院？是否可以停車？如果是店面，除了考慮租金投報率，最好是參考同一排房子

一樓的行情比較準確，或是多請幾家銀行進行估價比較。

→ 頂樓加蓋如何推估合理價？

頂樓加蓋，除了要問是否為 83 年底以前加蓋的，並注意不要買完全加蓋到滿的頂加屋，還要詢問仲介或屋主頂樓加蓋的坪數有多少，和是否曾經被報拆。

頂樓加蓋的房子有以下 2 種合理價格計算方式：

將加蓋坪數當成 1/3 價計算：

如果你看的物件是公寓 4 樓＋ 5 樓頂加，若 4 樓的權狀坪數為 30 坪，行情為 27 萬／坪，5 樓頂加坪數為 20 坪，則 4 樓＋ 5 樓頂加的合理價格推算為：

$$30坪 \times 27萬/坪 + \frac{20坪 \times 27萬/坪}{3} = 990萬$$

比照同棟 2 樓的價格計算：

這是我自創較為安全的估算方式。雖然頂樓加蓋的使用坪數較大，但是畢竟頂樓加蓋還是違建，就算舊違建列管為「緩拆」，並非「不拆」，因此處理上還是保守點較好。你可以查詢鄰近區域條件相仿的公寓 2 樓的成交行情，再乘以權狀登記坪數，則可以抓出頂樓＋頂加的合理價格。以上述的例子來說，如果同棟的 2 樓行情為 30 萬／坪，則 4 樓＋ 5 樓頂加的合理價格為：

$$30坪 \times 30萬/坪 = 900萬$$

這樣的算法之所以比較安全的原因是：你用 2 樓的價格買頂樓，

雖然多爬幾層樓梯，但也換來頂樓加蓋所增加的使用坪數。通常這樣的計算方式會比第一種將加蓋坪數當成 1/3 價計算的算法還低，但對買方來說比較安全。兩者相差接近百萬！重點是，我每次以這樣的算法當成我的目標價，5 次有 4 次是買得到的！

　　買頂加的房子時，如果是無電梯公寓的頂加，千萬不要陷入仲介說的「頂加使用坪數大，很搶手」的迷思。因為有頂加的房子雖然使用坪數大，但是通常需要使用坪數大的家庭多為三代同堂。然而，家裡的長輩通常不會考慮 4 樓或 5 樓以上的房子，因為每天爬上爬下實在太累了，而現在的年輕人大多也很懶，寧願空間小一點，也不喜歡爬樓梯，所以如果考慮買頂加，價格真的不要客氣，你的競爭者其實沒有想像中那麼多，反而有很多投資置產的族群喜歡買頂加出租，因為使用面積大，所以投報率相對較高。

　　不過，通常這類的買方算盤也打得很精，價格不會拉太高，除非屋況裝潢得很好，或者是電梯大樓的頂加，不然，用同棟 2 樓的價格來估算頂加已經算很合理了。

在議價時，若屋子的屋況不佳，記得要扣除裝潢的預算。

➔ 有做夾層的房子如何推估合理價？

　　如果你考慮購買的是有夾層的房子，由於夾層在台灣仍屬非合法的室內裝潢，**不僅夾層的坪數不算在權狀坪數裡，除非早期在建管處有列管，否則還有被「即報即拆」的風險，所以可以當成沒有夾層**，單純考慮鄰近區域條件相仿的房子的行情，頂多將夾層視為裝潢的一部分，並因有挑高而在價格上略加一些。

➔ 有露台的房子如何推估合理價？

　　雖然有些露台會登記在「附屬建物」的坪數，但大部分的露台都沒有計算在權狀坪數內，只是當初建商在銷售時有取得所有住戶簽名同意由某戶「約定專用」這個露台的空間，所以是合法可以使用的空間。通常露台的合理價格計算方式為「將露台坪數當成 1/3 價計算」。舉例：如果建物的行情為 45 萬 / 坪，建物登記坪數為 30 坪，另有露台 6 坪，則建物＋露台合理價格為：

$$30坪 \times 45萬/坪 + \frac{6坪 \times 45萬/坪}{3} = 1440萬$$

因為露台在權狀上通常沒有登記坪數，所以露台坪數必須實際丈量才準確。

愛莉貼心提醒

「出價」出得好，
議價就成功一半了！

TIP→議價有技巧，先減再加，心中的理想定價別輕易被仲介動搖！

絕招 1 先口頭出價，往合理價下殺 1 成以上

用上述的方式計算出合理價後，接下來就要大膽開口出價囉！不要管開價多少，將合理價再往下抓 10% ～ 15%，勇敢地開價吧！

以上述頂樓加蓋房子為例，如果心中的那把尺計算出來的合理價是 900 萬，就口頭出價 765 ～ 810 萬。當然，這並不是萬用公式，而且還要搭配不同情境。我舉以下情境模式供大家參考：

情境 仲介開價 1200 萬，透露屋主要「實拿」1050 萬，但你查過實價登錄行情，合理價應該是 900 萬時……怎麼做，看下去就知道！

仲介：「這間房子真的很不錯……」

你：「這間賣多久了？之前有人下過斡旋嗎？屋主有出來談嗎？」

仲介：「大概賣了快 3 個月，之前有人出 950 萬下斡旋，但屋主沒有出來談。」

你：「屋主想賣多少錢？」

仲介：「屋主簽給我們的底價是 1050 萬……」

你：「1050萬是屋主實拿還是含仲介費？」

仲介：「是屋主實拿，仲介費一般是4%，但是可以談啦……」

你：「所以如果仲介費抓2%，那屋主要賣1070萬耶！好貴喔…」

仲介：「那你想買多少錢？我們去喬喬看…」

你（面有難色）：「我怕說出來你會笑……因為價錢差太多了。」

仲介：「沒關係，你說說看…」

你（無辜）：「760萬吧！」

仲介：「哇！真的差太多了，你要往上加，不然買不到啦！」

你：「我有喜歡這個房子，不過我真的覺得1070萬太貴了，我有查過行情，這附近的房子哪有那麼貴？要不要我把實價登錄的資料拿給你看…」

仲介：「那也不可能760萬！差太多了……你要往上加一點啦！」

你：「不然你去問屋主，我加一點，780萬斡旋他收不收。我真的有喜歡這個房子，你去幫我問問看啦！之前出950萬下斡旋那個應該也一段時間了吧，屋主可能改變心意了啊！我會準備一些加價空間，你幫我跟屋主喬喬看…」

仲介：「好啦！我幫你跟屋主說說看，那你要先下斡旋嗎？」

你：「你先問屋主他這個價格收不收斡旋，我再下斡，不然要再退也很麻煩耶！」

仲介：「好啦！那我問完後再跟你回報……」

　　最後，如果真的780萬元下斡旋仲介願意收，而你也真的下斡旋並議價，一定要議到880萬以下含買方仲介費。因為從780萬到880萬，加價加100萬已經很多，議到880萬以下含仲介費是有機會的。

　　發現共通點了嗎？不管仲介怎麼說，你心裡面的那把尺不會改變。遇到開價較低的屋主也不能見獵心喜，仍要把持住你的談判空間，口頭出價沒有損失，不過如果這個物件你沒有喜歡，就不要浪費時間

看到心儀的房子，一定要先設定好底價，勇敢地向仲介或屋主開價吧。

出價了，因為仲介如果真的幫你溝通，最後屋主同意仲介收斡旋，你卻不想下斡旋，次數一多仲介也不會再幫你跟屋主周旋了喔！

絕招 2　超好用的萬用句！一招走天下！

有沒有發現一個萬用句：「之前出 XXX 萬下斡旋那個應該也一段時間了吧，屋主可能改變心意了啊！」這一句話很經典，一方面給仲介台階下（因為誰知道他說的「之前出 XXX 萬下斡旋但沒談成功的人」到底存不存在）一方面屋主也是人，是有可能改變心意的，所以這麼說也沒錯喔！

此外，還有一個萬用句：「如果屋主願意出來談，我會保留加價的空間。」<u>讓仲介先願意接受你斡旋的價格，並先想辦法約屋主出來。</u>

當屋主願意出來，就表示其實你原來出的價格其實離他要的底價沒有想像中那麼遠，再加上只要雙方出來見面談，對仲介來說就像是已經到了球門前的球，無論如何都會想把這一球踢進去。所以，到時候只要斟酌加一些價格，其他的讓仲介去努力，就有機會成交。

有時候仲介或屋主雖然不願意調整底價，但是你真的有喜歡那個房子，不妨每週關心一下這間房子的情況：「有人出價嗎？屋主怎麼說？屋主價格還是很硬嗎？」持續追蹤，當屋主真的下修底價時，仲介第一個就會想到通知你。

此外，如果剛剛的例子是屋主自售，有些屋主不喜歡來來回回不斷議價，所以價格開得已經接近他的底價。如果真的遇到這樣的屋主，而他開的價格又跟合理價接近，不要為了殺價的快感硬要砍個 2 成、3 成才甘願。遇到喜歡又適合的房子，價格也合理，就可以考慮了！

 好用工具

為了方便大家看屋不漏看細節，我們整理了一份「買方看屋檢核表」，歡迎到我們的 Ⓕ 粉絲專頁，提供你的 email 信箱給我們，我們將分享這份實用的表格給你！

↓

Ⓕ House123 我有好室告訴你！

先口頭出價就好，
別急著下斡旋、簽約

TIP→ 不管是簽「斡旋」或「要約」，都是簽下了買屋的契約，想毀約
就得付出代價。

➡ 「斡旋」和「要約」的不同

在介紹下斡旋、簽要約的注意事項之前，我們要先了解「斡旋」
和「要約」的不同。「斡旋」和「要約」都是你委託仲介幫你針對某
間房子跟屋主議價的委託書，上面載明你議價的日期期間與價格，<u>不
同的地方在於「斡旋」有給一筆「斡旋金」，而「要約」則只有簽「要
約書」，沒有付錢</u>。

不管是「斡旋」或「要約」，只要屋主在你委託仲介議價的期間，
在「斡旋書」或「要約書」上簽名，買賣即屬成立，仲介會約買賣雙
方正式會面並簽定買賣契約。如果你付了「斡旋金」，屋主同意要賣，
但你反悔不買，則「斡旋金」將被全數沒收，提供給屋主做為你違約
的罰款。如果你用的是「要約」，雖然還沒有繳付任何金額，但如果
屋主同意要賣，而你反悔不買，仍算違約，屋主和仲介可以向你提告，
要求你履行契約義務，用「要約書」上的價格跟屋主買。所以下斡旋
和簽要約一定要小心謹慎。

➡ 要約、斡旋的注意事項

一定要先口頭出價，觀察仲介和屋主的反應

　　口頭出價的過程中可以問到很多相關資訊，因此，即使你很喜歡這一間房子，也要在看屋時先口頭出價，觀察仲介和屋主的反應，不要衝動就填寫斡旋書或要約書。當你詢問到的資訊夠多，加上行情查詢、調謄本推估屋主貸款和推敲成本等功課也做了，再來下斡旋、簽要約也不遲。（如果你怕很快被買走，那就趕快查行情，把握機會，不要拖！）

斡旋書和要約書上一定要有仲介的店章

　　由於「斡旋」和「要約」距離合約成立只差一步，為了交易安全，<u>在簽斡旋書或要約書時，一定要檢查上面有沒有仲介的店章，和仲介名片是否相同</u>。如果能在仲介的店裡簽則更安全，以免仲介收了「斡旋金」之後就找不到人。

委託仲介議價的期間不要超過一週

　　「斡旋書」和「要約書」上會載明委託仲介跟屋主議價的時間，由於委託期間越長，對仲介越有利，所以仲介通常會希望委託期間越長越好。建議最好為 3 ～ 7 天，不要超過一週。

斡旋書和要約書一定要保管好

　　「斡旋書」和「要約書」很重要，簽完之後一定要保管好。如果是「斡旋書」，當委託期限超過，而與屋主價格仍沒有達成共識，就要馬上跟仲介約時間拿回「斡旋金」。

如果反悔不買，一定要趕快連絡仲介

　　不管是「斡旋書」或「要約書」，就算是在委託期間，只要屋主還沒有簽名，你臨時反悔不買了，一定要趕快連絡仲介。除了通電話外，一定還要發簡訊，說明你決定不委託他議價了，留下簡訊紀錄，並拿回斡旋金。

技巧

8

破解仲介常見的花招

TIP→ 議價前就是第一要做好功課，第二是無欲則剛，
最後則是投緣。

祕訣
1
堅守自己的底線，不輕易加價

　　除非你出的價格太高，或是屋主真的急售，不然通常屋主不會立刻答應以你出的價格出售。但只要你出的價格有機會成交，或仲介認為屋主有機會降價，或你有機會加價，這時仲介就會約買賣雙方一起到仲介公司見面議價。

哀兵政策視若無睹，謹守不加價原則

　　仲介常見的議價方式通常是在約雙方見面前就開始鋪陳。從「哀兵政策」（例如：他們昨天晚上在屋主家談非常非常久，回家都已經 12 點多了，你可不可以再加一點……）、「強硬派」（例如：你這個價格真的差太多……離行情差太遠了……），方法層出不窮。不管故事怎麼進行，一定要記得你心裡面的那把尺，不要輕易加價，就算要稍微加一點價，表示你的誠意，也一定要很有意識地加價，而且雙方磨很久才加一點點，並告訴對方你很想表示你的誠意，但你的預算真的非常有限！**無論如何，在約屋主出來談之前，千萬不要加價太多，如果能不加最好不要加。而且可以跟仲介說，你會保留加價的空間，先請屋主出來談。**

　　當屋主願意出來談，請記得努力配合屋主的時間，並且跟仲介說，

你本來有事，但因為你真的喜歡這間房子，所以才排除萬難趕來議價。通常議價時，仲介會讓買賣雙方在不同的會議室，這時候，一定要詢問仲介：「現場是不是只有我一組買方？」如果仲介說除了你之外，還有另外一組也在現場出價，你就離開。**因為在競標的情境下，你不是沒買到，就是買太貴，仲介會製造情境讓你很想買到這間房子，因此你很容易不小心就加價加過頭**（畢竟只有當你出的價格比另一組買方高時，你才會買到，不是嗎？）

有時候議價會拖很久，我曾經遇過議價從晚上 9 點進行到凌晨 1 點的，中途屋主胃痛想要回家，仲介不讓她回家，還主動幫她買胃藥。雖然分成兩間獨立的會議室談價格，但是仲介會在其中來回傳話。有時，仲介說屋主很生氣，要走了，叫你再往上加一點價，結果你出去上廁所，經過屋主的會議室，聽到裡面笑聲不斷，這種情況也不罕見。

必要時只能酌加一點價格

議價時，請徹底忘記在見面前你曾經說過「會保留加價空間」這件事，而且要表明你已經「加過了」，例如：本來你的預算只有 600 萬，為了這間房子你已經加到 650 萬……。當屋主願意出來，就表示其實你原來出的價格離他要的底價沒有想像中那麼遠，再加上雙方出來見面談，對仲介來說就像是已經到了球門前的球，無論如何都會想把這一球踢進去。所以，只要斟酌加一些價格，其他的讓仲介去努力吧！

祕訣
2
無欲則剛，可以「想要」，不能「需要」！

議價的技巧無他，就是「無欲則剛」，要表明雖然你很喜歡這間房子，但買房子也需要緣分，你不勉強，如果真的屋主不肯成全，雖然很可惜，但就再看其他房子就好了。記得，當你表現出你非買到這間房子不可，你的議價就已經輸一半囉！再說一次，無欲則剛，可以「想要」，不能「需要」，請隨緣，千萬不要衝動與躁進。

談判心法有絕招，先讓屋主喜歡你！

除了價格，是否投緣很重要

　　看房子時，我喜歡多和仲介、屋主聊天，在聊天的過程中，了解屋主的背景。屋主為什麼要賣房子、缺不缺錢、個性如何、在哪裡工作、現在住哪裡、年紀幾歲、男生還是女生、有沒有小孩、小孩多大？……回想一下你上次看房子，這些你都問過了嗎？

　　如果要我幫「議價」寫眉批，我左右兩聯會是「做好功課」、「無欲則剛」，橫批則是「投緣很重要」。你有過這樣的經驗嗎？── 你想要買一個東西，A店賣的比較便宜，但業務很討人厭，B店賣的稍微貴一點點，但是店員服務好，討人喜歡，最後你會選擇哪一家店買呢？B店是吧？買賣房子也是類似的情境。<u>**其實，「議價」從來不是一個完全理性的過程，這其中參雜了許多感性的因素**</u>，而人，通常都是在「感性」層面先做了決定（先喜歡對方），之後才在「理性」層面幫自己的決定合理化，說服自己（例如：這價格也算勉強可以接受，我也沒有吃虧太多……）想一想每次買賣的經驗，是不是這樣呢？

了解屋主，投其所好，建立好印象

　　我之前因公司協辦紅色子房的房地產課程，因此有幸上了談判高手謝大哥的課。謝大哥說，談判時很重要的一點，是要讓對方「喜歡」(Like)你。這個Like剛好是雙關語，要讓對方喜歡你，不是要討好對方，而是要去找你跟他的「相似處」（以英文來說也是Like）。我聽了心有戚戚焉，也讓我回想起之前自住換屋的經驗。

　　當時的我尋找自住換屋的房子已經有一段時間，在連續看屋一陣子並做了完整的功課後，最後鎖定某一個重劃區中的幾個社區，也認識了幾個不錯的仲介朋友。有一天，一位仲介朋友告訴我，我喜歡的社區有一戶有機會釋出，當天我就去看，果然很喜歡。在跟仲介聊天

的過程中，得知屋主的小孩是音樂家，本來是要買給他小孩的，但因為一直沒有搬過來所以想要賣掉。我回家立刻 Google，讀了幾篇他小孩的報導，還買了兩張他出過的 CD 回家聽。

第二次覆看時，我帶著公婆來看房子，屋主來開門，彼此打了照面。我跟仲介提到 CD 的事，仲介跑去告訴屋主，屋主很開心，因此對我們留下了好印象。雖然價格來回交涉了一個多月，中間見了幾次面，但最後買到的價格有符合我心裡設定的預算，也算是開心收場。

所以，**看房子時記得多和仲介、屋主聊天，尋找你們之間的相似之處**。這個相似處，可能是你們同鄉、同姓、有共同認識的朋友，或是都很孝順父母（跟父母同住，又很重視父母），或者像我的例子，知道了屋主的孩子是音樂家，就特地去買他的 CD 聽，創造彼此的相似之處（都喜歡他孩子的音樂）……這些都是增加議價力的方式喔！

履保費用省不得！
省了3000元損失300萬！

TIP→ 一千萬的房子只要多付三千元就有履約保證，
這筆小錢省不得。

⊙別忽視交易安全，一定要有履保服務！

學會了議價，接下來要成交了，要開始了解交易安全。

說到交易安全，就不能不認識「代書」和「履約保證」（簡稱「履保」）。只要你買的是「成屋」，不管是跟屋主、仲介還是建商、代銷買，代書（地政士）和履保都是非常重要的守門員。

代書最主要的工作包含：不動產產權登記、不動產稅務申報、諮詢、節稅規劃及服務等。雖然代書費通常都由買方支付，但是代書的角色其實是雙方代理人，協助案件登記，如果買方需要房貸，代書甚至會協助買方尋找銀行、辦理貸款，並進行抵押權設定、賣方原貸款的清償及抵押權塗銷等。因此，找一位買賣雙方都值得信任、具有優良口碑的代書非常重要喔！

在簽任何要約和斡旋前
都必須了解合約的內容。

至於「履保」顧名思義，就是確保雙方履約：買方支付價金給賣方，賣方將產權過戶給買方，交屋、銀貨兩訖。買方所有款項都先存放在銀行專戶裡，等到交屋當天完成所有手續後再由買賣雙方一手交錢、一手交權狀，以保障雙方買賣價金的安全。**透過履保服務，買方可以避免支付價金後賣方捲款潛逃，拿不到房子；賣方也可以避免還沒有拿到款項，房子卻被代書過戶給買方。**

(買)(房)(關)(鍵)(問)

Q 預售屋也會使用代書和履保嗎？

如果購買的是預售屋，因為還沒有蓋好，產權仍無法過戶，所以購買預售屋時，只會直接跟建商簽約，不會有代書協助跑流程。不過，內政部規定，預售屋也要提供交易安全機制，其中以「價金返還」最為安全。如果建商在交屋前倒閉，買方所有已繳的本金都可以全部退回。不過，很少有建商提供「價金返還」的機制，大多還是有「資金可以依工程進度動用」的彈性，所以真的發生財務危機時，不見得專戶裡還有錢，對買方來說，「交易安全」是預售屋最大的風險。

⊙買賣雙方各付一半費用，只要 3 千元！

只要簽約的時候跟仲介或屋主說你要用履保，代書簽約時就會使用履保專用的合約給買賣雙方簽。履保的費用是成交總價的萬分之六，買賣雙方各付一半。也就是說，總價 1 千萬的話，買賣雙方只要各付 3 千元就可以享有交易安全的保障。

曾經有一個新聞，買方因聽信賣方建議，雙方省下履保的錢，不使用履保，結果繳了 300 萬的自備款後，賣方捲款潛逃，連代書也找不到人，到現在還在打官司。為了省幾千元，卻賠了幾百萬，真的很得不償失，這點小錢千萬不能省喔！

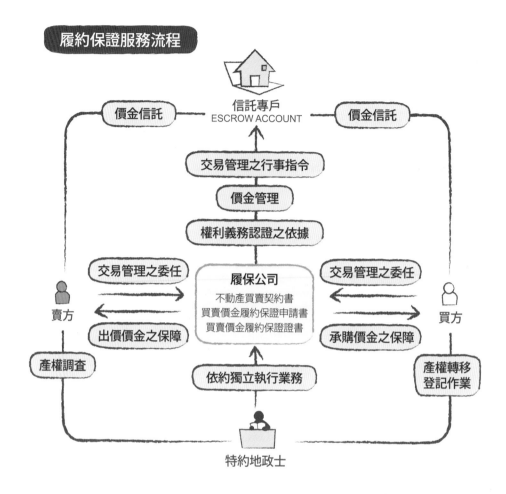

履約保證服務流程

信託專戶
ESCROW ACCOUNT

價金信託

價金信託

交易管理之行事指令

價金管理

權利義務認證之依據

交易管理之委任

交易管理之委任

賣方

買方

履保公司
不動產買賣契約書
買賣價金履約保證申請書
買賣價金履約保證證書

出價價金之保障

承購價金之保障

產權調查

依約獨立執行業務

產權轉移
登記作業

特約地政士

→ 簽約時一定要注意 7 個要點

「簽約」是房地產買賣中非常重要的一環,與交易安全息息相關。不管你是透過仲介還是直接跟屋主買賣,都要特別留意。以下為簽約注意事項:

1. 代書與履約保證不能少

許多人認為透過仲介買賣就一定安全,其實,仲介也是透過代書和履保來確保交易安全的,如果你簽約時賣方堅持不使用履保,就表

示他的產權或起心動念有問題，不要簽約。如果屋主急著要用錢，仍可以簽約並使用履保，由買方簽名同意屋主先動用其中的部分款項（動用金額盡量不要超過總的 1/10）。

2. 產權清楚

簽約前要請代書幫忙調閱當天的土地及建物謄本，注意坪數是否正確，土地使用分區是住宅區、工業區、商業區等，是否有限制登記（如假扣押、假處分等）尚未塗銷等問題，避免未來因產權問題影響過戶、交屋。

3. 確認簽約當事人為本人或有權代理人

合約原則上應由買賣雙方本人親簽，並由代書核對雙方身分證，確認是本人後才開始進行簽約。如果屋主本人不能來，應該提供授權書，並提供本人的印鑑證明（本人到戶政事務所親辦）。

4. 契約內容需謹慎檢視

買賣契約內容包含了雙方詳細的權利義務，不可不慎。合約裡的數字，如坪數、金額、持分等，應該儘量以國字大寫為宜，以避免變造及爭議。合約內容記得附上「現況確認書」，包含輻射屋檢測、海砂屋檢測、漏水聲明、非事故屋等聲明，保障買方不會買到瑕疵屋。

愛莉貼心提醒

儘量不要買事故屋

一般來說，事故屋（即：凶宅）的行情約為鄰近成交行情的5~7成，甚至更低。雖然「物件現況確認書」須聲明是否為事故屋，不過，最好還是透過街坊鄰居探詢了解。尤其如果某一任屋主是透過法拍屋取得，由於法拍為事故屋的比例較高，更須特別留意。雖然事故屋比較便宜，不過未來轉賣不易，除非心臟很強，不然真的不建議買。

5. 付款方式要公平

目前買賣付款方式大體上分為 4 個階段，即簽約、用印（備證）、完稅、尾款。各階段之付款成數依雙方要求而有不同，通常約定為 10%、10%、10%、70%。

6. 交屋時期及方式應明確

一般房地產買賣，通常於支付尾款時辦理交屋手續，如有特殊原因需要調整，要以書面規定清楚，以避免爭議。

7. 最後再做一次詳細檢查

簽約完畢應注意立約日期有無填寫、文字更改處有無雙方認章，並蓋好騎縫章，以避免日後產生糾紛。

值得注意的是：簽約時會約定付款條件及方式，如預設貸款 8 成，則付款條件會分 3 期支付，金額通常為：1 成、1 成、8 成。如預設貸款 7 成，則付款條件會分 4 期支付，金額通常為：1 成、1 成、1 成、7 成。

由於大部分的買方簽約時並不會帶總價 1 成這麼多的現金在身上，所以通常代書就會請買方開立與第一期款金額相同，且註明「禁止背書轉讓」的本票，等支付完成後本票就會退還給買方。

如買賣雙方有使用履保服務，買方則將各期款項匯入履保證服務中的信託專戶帳號，建議不要直接交付現金給賣方或代書，避免後續可能發生的糾紛喔！

簽約真的非常重要，我再次強調一定要用履保，並挑選好代書，才能安心的等待過戶、交屋喔！

· 成屋的交易流程 ·

　　由於從簽約到交屋，買賣雙方可以選擇自己辦理流程，或由代書來協助，也可以選擇代書與履保雙重交易安全保障。先了解房地產買賣交易流程，對於後續介紹代書流程與履保流程將更清楚。以下這張圖詳盡說明交易流程：

一般簽約買賣

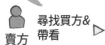
賣方｜尋找買方&帶看 ▷

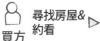
買方｜尋找房屋&約看 ▷

第一期款& 「簽約」	第二期款& 「用印」	第三期款& 「完稅」	第四期款& 「交屋」
簽立「不動產買賣契約書」	備證並於相關文件上用印	雙方繳納稅款	

有交易安全保障

代書

- 調閱「謄本」確認產權
- 將第一期款存入履約保障帳戶

- 協助買賣雙方備足證件並於相關文件上用印

- 申報增值稅(賣方)和契稅(買方)
- 協助辦理申請所有權轉移登記與(如買方要辦貸款)抵押權設定登記

- (如買方有辦貸款)通知貸款銀行將核貸金額撥入信託專戶帳戶
- 結算價金明細
- 交付鑰匙、權狀
- 稅費分算

履保

- 請買賣雙方填寫「買賣價金履約保證申請書」
- 提供「買賣價金履約保證證書」
- 提供信託專戶帳戶密碼

- 於買方第二期款匯入信託專戶時通知買賣雙方和代書

- 於買方第三期款匯入信託專戶時通知買賣雙方和代書

- 確認「不動產買賣契約書」上的交易條件與約定全部滿足，確保價金和產權移轉。(如未滿足則退回價金，並取消執行產權移轉)

安全檢測廠商

- 簽約時,可約定由買方請廠商做安全檢測,如氯離子(海砂屋)與輻射檢測,於合約上約定如檢測結果超過核定標準,則契約失效

· 代書流程 · 產權把關、稅務結算、產權過戶

代書在房地產交易過程中，扮演了產權把關、稅務結算、產權過戶等角色。為了讓大家了解代書在各階段做進行的工作，我將代書流程結合房地產交易與貸款流程，整理如下：

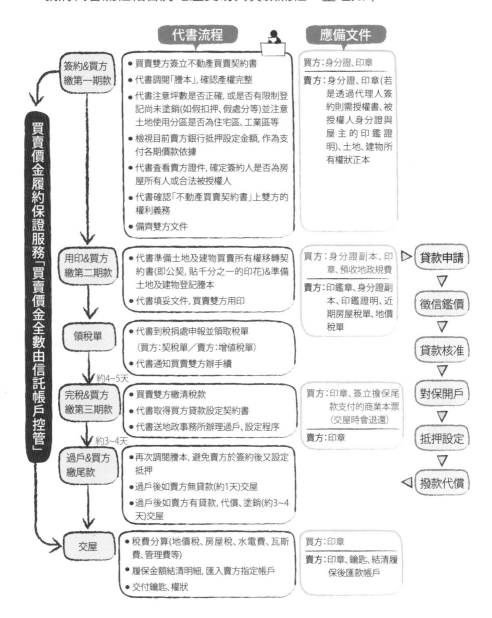

·履保流程· 銀貨兩訖、交易安全

在清楚了履保服務能提供的交易安全保障後，我們要來了解履保服務流程。過程中如果發生任何爭議或訴訟，在判決確定前，買賣程序會暫停，專戶款項將被凍結，等買賣雙方協商或判決結果確定後再由履保公司依約撥款或返還給買方。

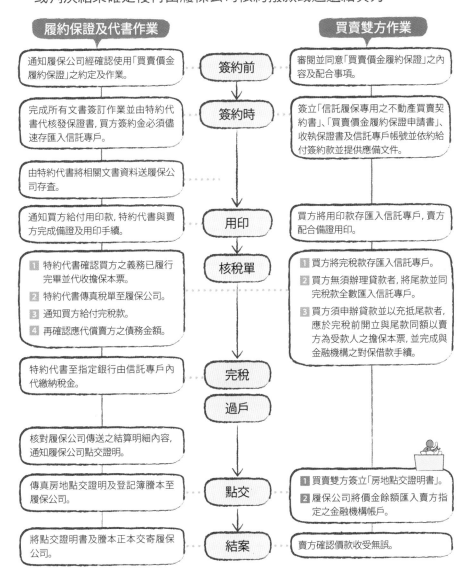

履約保證及代書作業

通知履保公司經確認使用「買賣價金履約保證」之約定及作業。 ······ **簽約前** ······ 審閱並同意「買賣價金履約保證」之內容及配合事項。

完成所有文書簽訂作業並由特約代書代核發保證書，買方簽約金必須儘速匯入信託專戶。 **簽約時** 簽立「信託履保專用之不動產買賣契約書」、「買賣價金履約保證申請書」、收執保證書及信託專戶帳號並依約給付簽約款並提供應備文件。

由特約代書將相關文書資料送履保公司存查。

通知買方給付用印款，特約代書與賣方完成備證及用印手續。 ······ **用印** 買方將用印款存匯入信託專戶，賣方配合備證用印。

1 特約代書確認買方之義務已履行完畢並代收擔保本票。
2 特約代書傳真稅單至履保公司。
3 通知買方給付完稅款。
4 再確認應代償賣方之債務金額。 ······ **核稅單** 1 買方將完稅款存匯入信託專戶。
2 買方無須辦理貸款者，將尾款並同完稅款全數匯入信託專戶。
3 買方須申辦貸款並以充抵尾款者，應於完稅前開立與尾款同額以賣方為受款人之擔保本票，並完成與金融機構之對保借款手續。

特約代書至指定銀行由信託專戶內代繳納稅金。 ······ **完稅**

過戶

核對履保公司傳送之結算明細內容，通知履保公司點交證明。

傳真房地點交證明及登記簿謄本至履保公司。 **點交** 1 買賣雙方簽立「房地點交證明書」。
2 履保公司將價金餘額匯入賣方指定之金融機構帳戶。

將點交證明書及謄本正本交寄履保公司。 ······ **結案** 賣方確認價款收受無誤。

買賣雙方作業

技巧 **10**

避免日後糾紛，
交屋6要點不可不知

TIP→ 交屋時，要索取相關文件，還需注意將簽約時付的本票
當場作廢。

經過了「簽約」、「用印」、「完稅」，並繳交各期價金，終於就要交屋囉！點交房屋最需要的，就是細心與耐心。以下是交屋注意事項供大家參考：

1. 交尾款同時點交房屋

交尾款同時點交房屋，一方面節省雙方時間，另一方面可以現場確認，避免不必要的糾紛。如有使用履保，在點交房屋無誤後，就會同時撥款。

2. 現場點交

買賣雙方皆須到房屋現場點交，一一核對契約書內容，檢視屋況是否和當初看的時候一樣？合約上加註要提供的設備是否完好？約定的瑕疵修繕是否已經處理完畢？是否有漏水？房子是否清理乾淨？交付的鑰匙是否正確……等。若發現有異常現象，可請求賣方依民法規定負起瑕疵擔保責任。

3. 檢查相關稅費是否都已結清

地價稅、房屋稅、水電、電話費、網路費、第四台、瓦斯及管理

費等應一併計算清楚，可以請代書再次確認，避免之後衍生的爭議。

4. 索取所有權狀、契稅單正本及土地增值稅單影本等文件

點交時，除了檢查房屋現況，還要索取所有權狀、契稅單正本及土地增值稅單影本等文件，並詳細檢查土地、建物所有權狀正本，看看坪數是否與合約內容相同。如合約中有約定由賣方提供建商的房屋保固與房屋檢測證明，則須檢查有無附上。此外，若屋主原來有貸款，務必請代書調閱最新的土地及建物謄本，看原來的抵押設定是否已經塗銷。

5. 拿回商業本票與其他未用之證件、文件

由於簽約時，通常買方會開 1～2 張本票當作抵押（第一期款與尾款），因此，交屋時應向代書取回商業本票當場作廢，並拿回未用的證件與文件。

6. 辦理戶口遷移、帳單更名、換址，與自用住宅地價稅

為了安全起見，交屋後最好將門鎖換掉，並辦理戶口遷移，水、電、瓦斯費、電話過戶，與自用住宅地價稅。

謹慎的點交，可以避免交屋後可能的糾紛，要多問多看多檢查，不要怕麻煩喔！若不幸真的在交屋後遇上瑕疵，也不需要太過驚慌，因為根據民法，買方在交屋 5 年內，如發現重大屋況瑕疵，可請求賣方提供修繕處理，並寄發存證信函給賣方，若賣方不理，可於半年內提出訴訟。這是買方的權益，不要讓自己的權益睡著了喔！

第 **4** 章

預售屋增值術——
分期付款、累積千萬資產

掌握7要點,破解廣告花招,買到夢想中的家

因為預售屋，
月光族空姐存下千萬資產

TIP→ 自備款不多但工作穩定，可藉由購買預售屋，
來為自己增加資產。

⊙ 省下名牌包，買屋後財富大不同

「愛莉，我最近去看了一間預售屋，它開價一坪 30 萬，因為實價登錄上都只有新成屋和中古屋的價格，我要如何判斷預售屋的行情呢？」

「愛莉，我最近看到一個預售屋廣告，它標榜『工程零付款』，請問這是什麼意思？」

「愛莉，我本來買了一間預售屋，不過最近因為家人要外派到國外，所以想把它賣掉。我委託了很多家仲介，但是反應都好冷清，因為仲介說還沒有房子可以看，所以很難賣。我該怎麼辦？」

自從我開始研究預售屋以來，常常收到許多好友對於買賣預售屋的疑問，有些朋友甚至對中古屋的買賣很有經驗，但遇到預售屋就沒輒了。這是因為預售屋和成屋可說是 2 種不同的產品。雖然預售屋終究會蓋好成為成屋，但是，在看屋時，甚至在交屋前如果要轉手，幾乎都沒有真實的房子可以看，也使得預售屋的買與賣都比成屋更需要敏銳的眼光與技巧。

我有一個好朋友，她出社會的第一份工作是空姐。雖然要排班，但套句她說的話，一下了飛機人就完全 off，不需要煩惱工作的事，

省下買包包、保養品、衣服的錢，讓空姐存到第一桶金，並從小套房開始由小換大，用預售屋來強迫自己存錢。

加上薪水高，每個月都有 6 ～ 8 萬的收入，以社會新鮮人來看算是很豐厚的薪水，所以她做得很開心。

不過，薪水雖然高，她卻沒有存到什麼錢。別人出國總要幫家人、朋友買保養品、名牌包，她也不例外，只是她是幫自己買。呵！如果有見識過她的更衣室的人，肯定會被她的衣服、包包和鞋子給「震撼」到。我們常笑說，如果她當初不買這些奢侈品，應該夠付好幾期預售屋的工程款。

不過，她「悟道」得也不遲。空姐的生涯結束之後，她轉行到電子公司，擔任國外業務，獎金也不錯。由於她家在淡水，每天通勤到台北市工作實在很辛苦，於是就近在永和租了一間小套房，每個月付房租。

有一天，她路過看到了租屋附近的一間預售屋廣告，衝動之下就買了。當時的她，身上的存款不過 10 幾萬，她硬是跟疼她的姑姑借了 20 萬，用分期付款的方式把每個月的薪水和獎金存下來還姑姑和繳工程款，繳著繳著等到房子蓋好後，她的房子已經每坪漲了 5 萬，她的資產也漲了好幾十倍（因為她本來的存款實在少得可憐）搬進新居之後，她開始培養看預售屋的興趣，透過買預售屋強迫自己儲蓄，也累積了議價的豐富經驗與實力，後來有一度來 House123 上班，將興趣和工作結合在一起。她說，可惜她的名牌包包跟車子一樣一落地就折價，不然，她實在很想全部換成現金去繳工程款。

預售屋有裝潢設計好的樣品屋可以參觀，不過裡面也充滿陷阱喔！

營造美好的居家氛圍，
現在樣品屋的設計都像
飯店一樣舒適。

⊙買預售屋，強迫自己儲蓄

　　如果你現在的自備款不多，但工作收入穩定，也想強迫自己儲蓄，
買間房子自住，或買個好資產等增值，那麼預售屋是很適合的選項。
預售屋的優點很多，包含：分期付款、零利息、持有期間不需要揹貸款、
交屋前如還有買其他的房子，也不會影響房貸的申請……等。

　　此外，因為預售屋通常要蓋 2～3 年，透過精準的眼光和議價，
如果能用現在（或低於）附近新成屋的行情，等 2～3 年蓋好後，原本
附近的新屋已經變成了 2～3 年的新古屋，等於你是現在（或低於）新
成屋的行情買 2～3 年後的新屋，也無怪乎前央行總裁彭淮南先生說
預售屋是「期貨」了。

買預售屋風險（一）
價差太大、資產周轉不靈

TIP→ 買預售屋雖然可以分期付款，但只要有一期沒繳就算違約。

⊙實價登錄不即時，成交價落差 20%！

　　雖然預售屋有不少優點，不過，購買預售屋也有風險，而且風險還不小。除了建商蓋得不好，交屋後賣相差之外，如果買的價格太高，2～3 年蓋好後沒漲反跌。

　　因為預售屋通常沒有即時上傳實價登錄，所以同一個建案成交單價落差 20% 都有可能，等發現自己買貴時已經太遲了。

預售屋的工程大多需要 2、3 年的時間，如果能用比附近新成屋還低的價格買到，通常會有增值的空間。

買預售屋首重區域建設，如果買的是重劃區，要留意生活機能完備的時程與供給量是否太大，並好好議價。

　　我有個朋友前年買了一間預售屋，交屋前想要賣，到網路上一看才發現其他戶想賣的價格居然都比他的成本低，最後只好繼續放到交屋，先出租幾年再作打算。

　　預售屋之所以迷人在於：預售屋工程大多需要 2～3 年，如果能以鄰近的新成屋行情或甚至更低的價格買到預售屋，2～3 年後蓋好交屋時，等於你是用 2～3 年前的行情買到一間新成屋。就算這 2～3 年的房價沒有漲，當時的新成屋也變成屋齡 2～3 年的中古屋了，在價格一樣的情況下，如其他條件不變，你的房子（屋齡 0 年）會比其他房子（屋齡 2～3 年以上）好賣，因此具有保值或增值空間。

➔ 用低於新成屋的行情，買 2～3 年後的新屋

不過，值得注意的是，有些建商和代銷在銷售預售屋時，是用 2～3 年後的預估行情在賣，不僅開價高，連底價都比周圍的新成屋高。例如：附近的新成屋行情一坪 40 萬元，預售屋成交價格設定要 48 萬（高出 20%）。銷售小姐說，等 2 年後蓋好，隨著交通建設、商場陸續到位，絕對有這樣的價值。這就可愛了！我相信隨著交通和機能到位，這裡可能有這樣的價值，但是，如果是這樣，那我就那時候再來買就好了嘛！幹嘛現在就用 2 年後的行情來買呢？不僅要提早付錢，還有風險（如果 2 年後的新成屋沒有 48 萬的行情怎麼辦？）對嗎？

所以，在看預售屋時，雖然銷售人員會一股腦地把區域的所有建設利多都告訴你，回家之後一定還是要做功課，查查 Google，看看這些建設預定完成的時間表（你可能會發現，有些建設甚至連預算都還沒通過呢，遑論完成時間），還要查查附近的實價登錄行情，這樣在議價時心裡才有一個底。

➔ 資金周轉不靈，被沒收 150 萬還解除合約！

此外，預售屋雖然可以分期付款，不過如果收到帳單後無法如期繳納，可就麻煩了。預售屋的付款條件由建商規定，一般常見的自備款多為 20%～30%，等交屋時再由買方辦理貸款 70%～80%。而自

1000萬預售屋，建商提供的分期付款條件可能如下：

項目		訂金	簽約	開工	工程款			
	單位				第1期	第2期	第3期	第4期
比例	%	2%	5%	5%	1%	1%	1%	1%
金額	萬	20	50	50	10	10	10	10

備款的前三期款項為訂金、簽約、開工（簡稱「訂、簽、開」），三期加總多為 10% ～ 15%，最後交屋的款項多為 1% ～ 5%。中間的工程款則分為多期（可能會分 5 ～ 20 期不等，依建商規定），在工程期間的 1.5 ～ 2 年內分期付款繳納，資金壓力相對較小。

在簽約時，買方都會拿到分期付款表，可以事先準備每一期的資金。有些人目前的自備款不高，大約只有總價的 10% ～ 15%，只夠繳訂、簽、開三筆款項，但他的收入穩定，對於後續分期付款的工程款支付無虞，而且想要透過繳工程款的壓力來強迫自己儲蓄，那麼買預售屋就是非常適合他的理財方法。此外，由於預售屋要等建商蓋好交屋時才開始辦貸款，所以簽約後不需要馬上支付貸款利息，加上大部分的預售屋在交屋前可以換約，彈性較大。

預售屋的分期付款雖然有以上的優點，但也使每一個階段的現金流顯得相當重要，因為只要一期沒有繳就算違約囉！ 通常預售屋的合約中都有規定違約的條款，如果收到帳單後經過催繳仍然沒有繳納，建商可以主張買方違約，自動解約並沒收已繳款項。依照內政部公告〈預售屋買賣定型化契約應記載及不得記載事項〉規定，最多可以沒收「成交總價」的 15%，也就是總價 1000 萬的話，可以沒收 150 萬，有多的才退還給你。如買方繳交的定金與工程款不到 15%，就以已交金額為上限，而且合約解除，房子跟土地又是建商的了，是不是很傷呢？

| 工程款 | | | | | | 貸款 | 交屋款 | 總金額 |
第5期	第6期	第7期	第8期	第9期	第10期			
1%	1%	1%	1%	1%	1%	75%	3%	100%
10	10	10	10	10	10	750	30	1,000

⊕貸款成數不夠，影響資金彈性

　　還有一種風險，也跟款項有關：如果本來預售屋的總價 1000 萬元，自備款是 20%，預定貸款要貸到 8 成。然而，在交屋辦貸款時，因為房市不好，銀行估價驟減、或個人信用不好……等個人因素貸不到 8 成，只貸到 7 成，需要在交屋時將貸款不足的額度 100 萬立即以現金補足，不然也算違約。看預售屋時要特別留意建商有沒有取得建照，以及開工、交屋時間，購買前要先計劃好貸款額度和資金周轉。

　　有些建商為了怕投資客炒作、避免換約作業麻煩或是被國稅局查稅，所以在合約中載明不提供換約。如果你買到的是不可以換約的預售屋，表示你一定要放到交屋、辦完過戶後才能出售，影響資金彈性。

　　預售屋買賣和成屋一樣，除了建物條件外，位置、環境也很重要。我建議一定要自己去一趟接待中心與基地現場，實地了解建案規劃與

預售屋只要挑選、議價得宜，蓋好後賣相好，通常價格會比預售時來得高，但現金流一定要先抓好。

環境。除了聽聽建商、代銷對於區域利多的分析外，記得回家 Google 相關資訊，甚至打電話詢問相關單位。不過，由於預售屋不同於成屋，沒有實體的房子可以看，只有接待中心裡美美的樣品屋與美輪美奐的文宣廣告，到底我們要如何評估一個預售的建案呢？

買 房 關 鍵 問

Q 什麼是「紅單」？

所謂的「紅單」分成兩種，一種是建案開案前，只是先預約可以優先以第一順位議價的「預約單」，另一種則是建案開案後，談好價格先下訂，好讓建商把這一戶保留起來的「訂單」。因為這兩種單子大多為紅色的，所以俗稱「紅單」。

在房市景氣時，對於銷售熱絡的建案，連紅單也很搶手。在部分地區（如：新竹）紅單的轉售甚至行之有年、蔚為風氣，一轉手就加價5～20萬。紅單的炒作基本上是一個共犯結構，熟悉此道的紅單客搭配接待中心現場的代銷人員，與建商的默許，讓房價無端墊高，並塑造建案熱銷的情況。由於紅單不是合約，轉售時容易發生糾紛，加上近年來國稅局查稅頻繁，不建議大家買賣紅單。

Q 什麼是「工程零付款」？

有些預售屋為了減輕買方的付款壓力，除了前三期的「訂、簽、開」外，剩餘的工程款延後到快交屋時才收取，等於在興建過程中不用付款，買方還有1.5～2年的期間可以籌湊剩下的款項，資金比較寬裕。

買預售屋風險（二）
想像與實際交屋有差距

TIP→結構安全的問題絕對不能妥協，輕微問題一定要請建商
維修到好。

狀況 1 只看平面圖，交屋後才發現電線桿在家門前！

預售屋除了看基地位置外，由於一個建案中有很多戶，也要從鄰房高度、鄰近空地規劃、棟距等現況，模擬蓋好後的通風、採光條件，從中挑選一間採光、通風條件好的戶別。

我曾經看過一個建案，建商貼心地把每一戶的鄰房高度和棟距標示得清清楚楚，方便買方挑選戶別時可以參考。由於房子動輒百萬、千萬，我的建議是，就算建商和代銷沒有準備這樣的資料，也一定要自己親自走訪一次基地，並把這樣的關係圖畫出來，確認一下這樣的棟距是你可以接受的。你真的知道6米到底是多寬的棟距嗎？旁邊的鄰房有多高？街廓如何？何不到基地現場體驗一下？

預售屋因為買的時候看不到成屋，所以許多細節都無法留意到。我曾經看過一個預售屋位置很好，基地不大，在台北市黃金地段的巷弄內，巷子的一旁有兩支電線桿，其中一支靠近基地側邊，另一支則在基地對面。由於這是一個有挑高的建案，電線桿的高度大約比4樓的樓地板再高一點點，表示其中有一戶的2～4樓（1樓是公設）都會看到這支電線桿矗立在客廳的窗前，距離大約6米左右。有些人認為這對風水不好，就算個人不忌諱風水，對於視野也總是美中不足。像

有時預售屋所提供的景觀圖，不一定是你買到的真正視野，可參考附近同高度中古屋的視野才準。

這種問題，如果買的是蓋好的成屋就比較能避免，在預售屋就比較容易發生。

有些銷售中心會準備空拍圖，讓買方參考每一個方位看出去的視野。不過，別忘了，空拍圖是從上面看下來的，而你從房子看出去是平視的，視野當然不一樣。空拍圖裡看到綠油油的山林景觀，結果從房子平視看出去可能是福地！**如旁邊有相似高度和面向的中古屋要賣，可以參考一下視野，交屋後才不會後悔！**

狀況 2 ▶ 邊間一定比較好脫手？注意格局和坪數！

購買預售屋時，由於沒有實體房屋可以看，就算有樣品屋，樣品屋的格局也未必與實際交屋的格局相同，所以平面格局圖一定要看清楚。有些社區以 3 ～ 4 房居多，只有少數幾戶為 2 房格局，這時 2 房格局就特別稀有珍貴，不僅預售銷售時可能賣得比較快，未來脫手時也因稀有而比較好脫手。

以下面這個格局圖為例，姑且不論棟距和鄰房高度，純粹以格局和坪數來看的話，大家猜猜賣得最好的是哪一個戶別？

　　答案是❶棟的 27 坪，因為它是一層 9 戶裡，唯一的兩房，自然很搶手（大家注意到左邊房間的陽台佔了房間的 2/3 大嗎？建商會幫住戶於二工時外推出來，使陽台成為室內使用面積）另外一個則是❻的 30 坪。為什麼呢？大家有沒有發現❻棟是唯一一戶柱子沒有在室內的？（黑色的方塊就是柱子）柱子在室內不僅影響空間的方正，可能還有算坪數喔！

　　不過，❻棟有一個缺點，就是距離電梯太近。雖然距離電梯近很方便，出門和回家都可以少走幾步路，不過也表示這一個樓層的每一個住戶回家前都會先經過你家門口喔！看柱子還有一個重點，只要是柱子連成一線的地方就會有樑。所以表示這 9 戶的大門處和外圍靠窗處都各有一隻樑，在室內空間配置時需要留意。

　　看完了最好賣的坪數，那大家來猜猜，這 9 戶裡面比較不好賣的坪數是哪些？❶、❷、❻、❷這些 4 房的格局比較不好賣。

除了現在社會大多為小家庭，4 房格局總價高，負擔較大外，跟一層 9 戶也有關係。如果你要花 2000 ～ 3000 萬以上買一間 4 房的房子，你希望一層 2 戶、4 戶還是 9 戶呢？答案當然是越單純越好。不過，大家也可以留意一下，這一層 9 戶裡，兩面採光的戶別通通留給了 40 餘坪的大坪數，2 房和 3 房的戶別通通被包在中間，只有一面採光。而且，因為大門開在建案基地的中間，所以有採光面的都是房間，除了兩面採光的四房戶別之外，一面採光的戶別的客廳都沒有採光，頗不符合華人「明堂」（客廳要明亮）的要求。不過，這樣的格局安排在現在的建案裡還蠻常見的，看屋時可以依照自己的需求斟酌考量。

除了考慮坪數和格局外，就像中古屋一樣，生活起居的動線也要考量。看著格局圖或建商提供的「傢俱配置圖」（簡稱「傢配圖」），發揮一點想像力：想像你從廚房端菜走出來，走到餐廳，或者從每個房間出來上廁所，動線順不順？廚房的冰箱會放在哪個位置？有沒有風水瑕疵？如果動線或風水不理想，除非你很確定可以透過「客變」或裝潢來改善，不然就不要考慮了。

買 房 關 鍵 問

Q 為什麼預售屋交屋後，才發現房子好矮？

預售屋因為沒有實體的房子可以看，所以很多東西只能用想像的。一般樓層高度多為3米，不過，這是包含樓地板的厚度喔！一般樓地板厚度大約15公分，有些建案的樓層高度甚至只有做到2米8，如裝潢時再做天花板（約保留12～15公分），就只剩下約2米7的淨高，如再裝個吸頂燈壓迫感就比較重！下次看預售屋時不妨注意詢問一下樓層高度和樓地板厚度，再扣掉天花板保留的高度後，看看自己是不是可以接受喔！

狀況 3 無邊際泳池，變成屋頂蓄水池！

由於幾乎每個案子都會有二工，如果你在你家的室內格局圖裡看到「機房」、或大小不合比例的「陽台」，就要問清楚建商是不是會透過二工將它改做為室內使用面積。

此外，在接待小姐介紹公設的設備時，要問清楚哪些是二工喔！尤其是對於有規畫游泳池的建案，要問清楚建照本來規畫的就是游泳池，或是規劃「蓄水池」，之後才要透過二工重新做泳池使用。由於二工還是有被舉報的風險，別被廣告中美美的無邊際泳池吸引，到頭來才發現買到的卻是一個在屋頂的蓄水池喔！

狀況 4 比較「公設比」，不如比較「雨遮＋公設」的比例

在目前的建築法規規範下，公設比都很高，以 3000 萬元的房子為例，如公設比 33%，就等於花了 1000 萬元在買公設，所以有哪些公設設施就顯得特別重要，畢竟沒有人希望自己付了大把的銀子，買到的公設只有逃生梯和電梯梯廳。除了參考建商提供的公設示意圖等廣告文宣外，有公設樓層（常見的有 1F、B1、頂樓等）的空間平面圖也要注意看。簽約後妥善保留所有的格局資料和文宣廣告，做為交屋驗收的依據。（公設是交屋後由管委會與建商點交，住戶可透過管委會反應）

此外，看屋時雖然要比較公設比，不過還有另一個虛坪要注意：「雨遮」。有些建案雖然公設比較低，但雨遮比例很高，有的建案訴求三面採光，就有三面雨遮。雖然內政部規定雨遮不得計價，但在實務上建商、代銷僅是將雨遮的價格轉價到總價上，總價不變。因此與其比較公設比，不如比較「雨遮＋公設」的比例，避免虛坪過高（幸運的是，2018 年後取得建照的房子，雨遮不得計坪了）。

預售屋廣告常有使用公共設施的生活情境照，但可能會與交屋實際狀況有出入。

狀況 5) 戶數越少越單純？小心買到沒有管理的華廈！

許多買方喜歡建案的戶數單純，最好一層一戶最好，可是卻忘了戶數太少時，如果要共同請警衛，每戶要負擔的管理費用會很高，可能只能請一班制（早上8點到晚上6點），無法負擔 24 小時的警衛，有些大樓甚至只能安裝保全，無法有管理室的配置，使得買方買的雖然是新電梯大樓，卻只有華廈的功能，沒有人代收掛號、包裹，很不方便。

有些建案基地大，但將戶別分成好幾棟，每一棟可能連在一起成為口字型，但每棟都有獨立的出入口，一層僅 2～3 戶，大坪數的戶別甚至一層一戶，透過門禁磁卡來管理進出。不但能保有出入單純的優點，而且因為社區基地大，有完善的公設規劃（畢竟，現在的新成屋不管有沒有健身房、閱覽室等公設，公設比幾乎都在 30% 以上，還不如有這些實用的公設比較好）社區規模又夠支撐社區的管理功能，每坪負擔的管理費不會太高，還能夠有 24 小時警衛的管理，這是我心目中最理想的建案。

許多口字型的建案，每棟都有獨立的出入口，一層僅 2 ～ 3 戶，兼顧住戶品質與社區規模。

狀況 6 太前衛的造型，令人敬謝不敏！

　　預售屋的增值潛力除了在於興建這 2 ～ 3 年中資產的增值外，還有房子蓋好後整體的質感和賣相。除了可以從模型屋和文宣資料看外觀設計造型、質感、建材挑選，也可參考同一個建商其他建案實績的質感。

　　有些建案訴求知名的建築師，並強調現代風格建築。不過，名建築師不一定是質感的保證喔！太過於前衛的造型，通常蓋好後不是大好就是大壞。當它是小小的模型屋時，感覺起來很摩登，當它化身為 15 ～ 20 層樓高的龐然大物時，看起來可能又是另外一種氛圍。曾經有一個建商在黃金地段蓋了一棟黑色、造型前衛的住宅建案，金屬感很重，每每經過，我都覺得它像變形金剛。當然，喜歡的人很喜歡，對於我這種人可能就敬謝不敏。有趣的是，這一家建商每次有新案要推，要列出過去推過建案的實績時，總是忽略這個建案，不曉得是純屬巧合還是賣相不好，沒有為新案加分。

狀況 7　保固狀況多，先打聽建商評價

　　由於預售屋在購買的時候還沒有成屋可以看屋，因此建商的評價和信用就非常重要。建商施工的品質和成屋的質感與建商息息相關。購買預售屋前不妨先上網搜尋，了解一下該建商的評價做為參考。

　　有些建商蓋的案量很大，每年交屋數量多。因為大部分人總是「好事不出門，壞事傳千里」，加上現在網際網路方便，只要有任何瑕疵就會 po 上網。在大數法則下，推案量大的建商自然在網路上的評分也比較容易偏低。

預售屋蓋好後的外觀質感，影響成屋的賣相甚大，好的質感會為建案加很多分。

此外，建案的定位也會影響施工品質。豪宅和一般平價住宅的建材與品質自然不能相提並論，不過，對我來說，除了最重要的結構安全絕對不能妥協外，建商遇到其他較輕微的問題是否願意負責任、維修到好也是非常重要。

一般建案交屋少則一個月，長則三個月，看建案量大小而定，而有幾家建商在交屋後還會有工務人員派駐在社區長達 3 年，只要住戶有大小問題都立刻協助處理，進行保固服務。這樣的服務態度對我來說就可以幫這樣的建商多加幾分。

狀況 8 ＞使用分區停看聽！工業用地價格只有 1/2，買到賺到？

看預售屋時和成屋一樣，要特別留意「土地使用分區」和建照上的「使用用途」。「土地使用分區」可以分為住宅區、商業區、工業區。工業區再細分為甲種、乙種、丁種等工業用地，一般常見用來蓋「工業住宅」的多為乙工用地，屬於都市計畫內之輕汙染建築用地，可以用來做零售業或事務所，但不能做住宅使用。

工業住宅的預售屋價格雖然只有一般住宅區的 1 / 2 左右，但蓋好後脫手不易，且有接到政府罰款取締的風險，加上貸款不易，不建議大家購買。而商業區大多屬於住辦混合，社區出入會比較複雜，如果你是純住家需求，則要多加考慮。如果你有公司登記的需求，通常商業區 3 樓以下可以登記公司營業用（建照、使照上會註明，可以詢問建商），記得跟建商確認你買的戶別可作公司登記。

狀況 9 ＞停車位學問多！類型都搞懂了嗎？

坡道平面、坡道機械、昇降平面、昇降機械、機械循環式車位……哇！車位分成這麼多種類，到底什麼是什麼啊？其實一點也不難，以

「坡道平面」為例，前面兩個字就是「車子如何進到停車場」，後面兩個字，指的是「你停的是什麼類型的車位」。所以，「坡道平面」就是：你開著車子透過坡道車道進入地下停車場，停到一個平面停車位。

　　而「昇降機械」指的是：你開著車子進入一個昇降電梯，連人帶車一起坐電梯進入地下停車場，再停到一個機械停車位（「昇降機械」也簡稱為「機械機械」，簡稱「機機」，呵！）而最後一個「機械循環式車位」就是俗稱的「停車塔」，要停車時只要按號碼，電梯就會下來，鐵捲門打開，你將車子停進去之後，人出來，鐵捲門會再度關閉，電梯輸送帶會將車子送到你的機械車位，取車時也只要按號碼，電梯輸送帶會將車子送出來。

　　由於坡道車道通常需要比較大的迴轉空間，所以一般來說，基地較小的建案只能規畫「昇降平面」、「昇降機械」或甚至「機械循環式車位」，而**車位的價值與價格也大不同，從高到低依序是：坡道平面＞坡道機械＞昇降平面＞昇降機械＞機械循環式車位。**

　　不管是哪個類型的車位，合約上都會註明車位的尺寸規格喔！一般來說，平面車位中的標準車位：寬度多為 2.25M，長度 5.57M；平面車位的大車位：寬度 2.5M，長度 6M；機械車位則要留意高度和載重限制，看是否停得下休旅車喔！

買預售屋風險(三)
建商倒閉，錢和房子兩頭空

TIP→房市盤整時期，許多體質不好的建商容易周轉不靈，「交易安全」成為買預售屋最大的風險之一。

最近這 3 年，預售屋的糾紛層出不窮，很多人會很好奇：「預售屋有信託專戶，為什麼建商還可以倒帳？」

在回答這個問題之前，我們先來了解一下，政府對預售屋「交易安全」有哪些保障。

為了確保工程順利進行，政府要求建商對預售屋的「預收款」必須要提供「擔保」或「信託」。舉例來說，根據內政部規定的預售屋「履約保證」方式，總共分為以下 5 種：

● **價金信託**：買方所繳的錢，全部都存入信託帳戶，由建商專款專用。

● **不動產開發信託**：建商把這個案子的土地和蓋房子的錢，信託給銀行或信託業者，執行信託管理。

上面這兩個，都是由信託單位，依照蓋房子的進度，分階段撥款給建商，也就是：建商蓋到哪，就跟信託單位請款到哪，所以信託專戶裡的錢會越來越少。

如果蓋到一半，建商申請破產，而且主張錢都已經拿來蓋房子了，那買方恐怕拿不回來已經繳的金額了。

● **同業連帶擔保**：由同一個等級的建商或公會提供連帶擔保，如果本來的建商蓋不下去，幫他擔保的建商要幫它蓋完。

● **公會連帶保證**：和「同業連帶擔保」相似，只是由公會提供連帶保證。

使用「同業連帶擔保」和「公會連帶保證」機制的建商，通常就沒有信託或履保專戶了，所以，簽約之後，通常錢就直接繳給建商，沒有保證建商一定會專款專用。

而且只保證蓋好，沒有辦法避免被建商的其他債權人查封。而且如果幫它擔保的建商也倒了，就沒有保障了。

● **價金返還**：買方所有繳的錢，都存在第三方金融機構裡面，交屋之前，建商全部都沒辦法動用。這是 5 個裡面最安全，但也是建商最少用的。如果建商在交屋前倒閉，買方所有已經繳的錢，可以全部退回。

看了這麼多，大家只要記得：如果遇上建商倒閉變成爛尾樓，除非預售屋履約保證是採用第 5 種「價金返還」的方式，不然繳出去的錢，大概都拿不回來。偏偏「價金返還」很少有建商採用，甚至還有建商，上面這 5 種信託或擔保通通都沒有，還是有買方乖乖匯款給建商，惡劣的建商還一屋二賣，2 個買方都說他是受害者，錢和房子兩頭空。

所以，在房市不景氣時，盡量先避免碰預售屋，雖然許多建商打著知名品牌或是上市上櫃，但是，我們不見得能知道建商實際財務狀況。如果真的一定要買預售屋的話，依照保障的高低順序分別是：**價金返還＞不動產開發信託＞價金信託＞公會連帶保證＞同業連帶擔保**。這些都會寫在合約裡面，簽約的時候，一定要注意！

另外，除了預售屋之外，就算是蓋好的成屋，也要特別注意。因為房子已經蓋好了，所以很多建商會拿這些餘屋跟銀行貸款一筆金額，所有餘屋一起做「共同擔保」。這種情況很常見，如果你調謄本，會看到它有被抵押貸款一筆很高的金額，但是有好幾個建號一起「共同擔保」。這種的不用緊張，但一定要記得要用履保，千萬不能直接匯款給建商。等到確定房子原來設定的抵押被塗銷，只剩下你自己的房貸，而且順利交屋，履保裡的錢才能撥款給建商。這個非常重要，一定要注意！

建商花招大破解！
避開廣告8大陷阱

TIP→ 房地產的廣告文案總是很吸引人，但實際狀況有時會差很大。

你有看過預售屋的廣告文宣嗎？有些造鎮計畫的建商，不僅做了精美的廣告 DM，甚至還出了整本雜誌，介紹未來的榮景和舒適的生活圈。每當我閱讀這些廣告文案，常常都對這些優美的文字所創造出來的想像畫面敬佩不已：

「漫步在山旁湖畔的小徑，看著湖中芒草莎草搖曳於沙洲中，時間彷彿凝止，空間彷彿從塵世轉移，環著湖慢慢走著，歲月幽幽，涼風徐徐，湖光醉人，忙碌的都會市民，壓力被舒緩了，焦躁被療癒了，煩惱被化開了……」

「站上雙北正核心的人生制高點，大台北無垠天際一覽無遺。淡水河系景觀、城市摩天建築、大屯山系層層相望，收攬信義 101、新光三越大樓北市雙地標，驚嘆於台北最美的水岸天際…」

厲害吧！看著這些文字，是不是很有畫面呢？更別說那些花了 6百萬到上千萬搭起來的接待中心和樣品屋了！除非設計的質感不好（代銷要打屁股），不然，只要看了就一定會心動。

我列舉了 8 個常見的廣告迷思，大家在看預售屋時一定要特別留意喔！（有些新成屋也適用！）

有時接待中心和工地有段距離，
一定要實地繞一下才準。

陷阱 1 > 基地和接待中心離很遠！

　　當基地還在整地或是已經動工，或是代銷不想花錢搭建接待中心，只想在附近租一個店面做接待時，接待中心就會不在基地上。接待中心通常都在人來人往、機能成熟的馬路上，基地卻可能在巷弄間，有的甚至離很遠。雖然銷售小姐在介紹建案後都會帶客人去看基地，但是，通常都是專車開車載客人過去看，路上邊聊天，感覺一下子就到了。

　　此外，就算是走路一小段就到，還是可能有陷阱喔！例如：如果接待中心在捷運站附近 350 公尺處，而基地距離接待中心還要再 350公尺，雖然彼此距離都不遠，但將來從捷運站走到基地卻要 700 公尺，步行約需要 8 ～ 10 分鐘，雖然也不算太遠，但是跟 350 公尺走起來就是不一樣。

陷阱 2　基地地圖將路況截彎取直，製造錯覺

這就厲害了！很多建案都會提供「建案位置圖」或「生活機能示意圖」。

不管是多老舊的街道，在建商和代銷提供的地圖裡，路總是看起來很直，幾乎就像重劃區裡的棋盤式街道，非常整齊，而且看起來基地的位置距離每一項交通和生活機能好像都好近！呵呵！可別以為這是等比例畫出來的喔！拿到「建案位置圖」或「生活機能示意圖」時記得比對一下 Google 地圖，自己實地繞一下，看看街廓、環境，是不是你喜歡的。

陷阱 3　距離市中心步行／開車／捷運只要 10 分鐘？

許多建案都會標榜距離車站、公園、學校、醫院、交流道只要走路或開車幾分鐘，甚至連坐上捷運只要幾分鐘就到市中心都可以寫在文宣上。我的建議是：一定要自己實地走一次測量才精準，測測自己的腳程和實際開車需要的時間。而且記得，尖峰時間和離峰時間都要體驗一次。也許它說的是真的，但限制條件是半夜都沒車，加上一路閃黃燈沒有紅綠燈，才能這麼快喔！

陷阱 4　樓下永遠有樹和公園

有看過預售屋的「外觀示意圖」吧？不管建案的樓下是菜市場還是大馬路，建案的外觀示意圖旁邊一定是樹，不僅看不到鄰房，還有幾個型男靚女在街道上散步的樣子，偶而天空還有幾隻鳥。這好像已經成了業界的標準，看屋時還是以眼見為憑的街廓為準。

陷阱 5 樣品屋看到的不一定拿得到！

每次去看預售屋，總會看到琳瑯滿目的建材和配備，常常都有新名詞、新知識。TOTO 全自動龍捲噴射式馬桶、德國頂級工藝衛浴品牌 Villeroy & Boch 面盆、新日鐵制震系統、英國 Studor 吸氣閥……項目之多，不勝枚舉。可是，**可別以為接待中心或樣品屋展示的建材和配備，就一定會和交屋時一模一樣喔！**

為了避免發生廠商停產或庫存不足，導致建商違約的風險，關於建材的約定，幾乎所有的預售屋合約上，都會在主打的品牌或型號後面加註「或相同品質之商品」，至於有哪些其他品牌和型號符合「相同品質」，可就有爭議空間了。當然，建商的考量情有可原，有誠信的建商也不會在這裡偷工減料、佔消費者便宜，所以慎選有口碑的建商還是重要的。

此外，除非是「精裝交屋」或「毛胚交屋」，不然，一般預售屋的標準配備通常是：廚房配備、衛浴配備、全室油漆、地板鋪好拋光石英磚或木地板、門窗，以及其他允諾的配備（如：濾水器、保全系統等）。

樣品屋裡看到的其他建材，都是裝潢表現，不包含在交屋的條件中喔！不僅如此，看樣品屋時，即便是涵蓋在「標準配備」裡的廚房和衛浴空間也要看仔細。電器櫃、吧檯是標準配備還是要自己做？浴室裡的鏡櫃、浴櫃呢？這些都要問清楚，因為如果交屋後才發現都沒有提供，要再找系統家具的業者來丈量、訂做，也是要花好幾萬元喔！

陷阱 6 樣品屋看起來好寬敞？交屋後衣櫥塞不下！

還有一個預售屋常見的廣告陷阱也是在樣品屋。

除了美輪美奐的裝潢和高貴的裝飾品外，**為了讓空間看起來更大，樣品屋家具尺寸常常是用訂做的，不是標準尺寸喔**！尤其是床、書桌和衣櫃，大部分都是請木工量身打造的。許多小兩房或小三房，

樣品屋的家具大多是訂做的，
有放大空間的效果。

房間坪數只有 2 坪多，透過木工量身打造，小小的 2 坪多硬是放進去了單人床、書桌和衣櫃，看起來坪效超高，可是等交屋後，如果你去家具店訂單人床、書桌和衣櫃，放進去後一定不知道如何關門、如何走路。雖然我們也可以請木工幫我們量身打造家具的尺寸，不過，木工的成本比起活動家具和系統家具貴上很多錢喔！裝潢預算要多估一點。

　　除了量身訂作的家具外，有些樣品屋會在餐廳的牆面鋪上鏡子，放大空間視覺。我還看過一個台北市區小坪數的挑高建案，它的樣品屋連浴室的牆和門都用玻璃取代（一般只有 Motel 才有這樣的設計吧！）小姐在帶看時，特別強調這是設計師的裝潢表現，交屋時建商會以「正常」的牆面交屋，不過，看得懂的人就知道這是為了讓空間看起來更大的手法了。

 陷阱7 美輪美奐的公設示意圖，不如眼見為憑！

　　有些社區規畫有「全齡化公設」（就是 0～99 歲都適用），包含：接

154

待大廳、交誼廳、Lounge bar、KTV、棋弈室、視聽室、多功能教室、閱覽室、媽媽教室、健身房、游泳池、中庭花園……非常豐富。由於公設無法用樣品屋來展示，因此只能提供示意圖和明細給買方參考，至於實際完工後的質感，買方就只能賭賭運氣了。為了評估建商的施工品質和設計質感，可以請建商提供過去完成過的建案公設實績的照片，或是挑幾個目前有釋出物件的社區親自去看一下。同一家建商蓋的公設風格和質感通常不會差太多，比較有參考依據。

陷阱8 漲幅暗示太誇張！別的區域漲，關你什麼事！

如果你收過路上發的預售屋傳單，可能對這樣的行銷方式不陌生：「台北信義計畫區 220 萬，大直重劃區 160 萬，某某重劃區？」（登登登！答案揭曉：某某重劃每坪不到 60 萬）。每次看到這種廣告，我先打的問號是：它舉例的那些地方，真的有那麼貴嗎？台北市那麼大，硬是要舉信義區和大直的新成屋房價來當代表，不免有失偏頗。就算其他區真的那麼貴好了，信義計畫區貴，關它什麼事？

我看過一個建案的文宣，寫著某某重劃區的條件，與大直重劃區的相似度接近 100%，用此來襯托它的得天獨厚和價格親民。有趣的是，一開始看到這樣的廣告沒有什麼感覺，第二次、第三次看到，加上眾多建商一起發新聞、發廣告，看久了居然就像真的一樣，連我朋友的媽媽（菜籃族）都問我，某某重劃區是不是不錯？真是太厲害了！

對於重劃區，我個人的建議是：自住等增值可以，如果要純粹投資，想要買賣賺差價的話，則要很謹慎，不僅要在重劃區剛在推案的初升段中就進場，談到好價格，也要盡量在價格漲一小波段後的中升段就出場，不要貪心。因為重劃區的推案量通常較多，而生活機能要成熟還需要一段蠻長的時間，在機能成熟之前，入住率通常較低，使得供給大於需求，價格也比較不容易守得住。如果遇到市場反轉或是資金周轉不靈，就會有斷頭的風險。

會不會議價差很大！
說對一句話，省下100萬

TIP→議價前要先調整自己的心態，殺價不是因為買不起，
而是房價不合理。

⊙知己知彼，先了解預售屋的銷售要角

好的預售屋雖然有增值潛力，不過，如果買的價格太貴，學會再多物件挑選技巧也是枉然。在學習預售屋的議價談判前，我們要先了解預售屋銷售結構，以下這幾種角色你一定要知道：

建商

就是「建設公司」。許多人以為建商就是負責蓋房子的公司，其實不然，建商只是負責出資與規劃、設計，包含建案的整體規劃、建材的挑選等，都是由所聘用的建築設計團隊負責。至於實際的工程興建，則另外請營造公司做。

代銷

當建商規劃一個建案時，可以選擇預售或是先建後售。不管是哪一種方式，都可以選擇由建商自己賣或是委託廣告公司賣，廣告公司就是俗稱的「代銷」。

建商委託給代銷公司就像是一般屋主委託給仲介銷售一樣，而且還是專任約，一家建商在同一時間內只委託一家代銷賣，並且需要簽

委託時間和委託價格，當然也包含佣金和廣告預算。一般而言，總銷金額的 4% 為代銷的銷售佣金，另外並編列總銷金額的 2% 做為廣告預算，由代銷負責規劃行銷廣告，包含 NP（報紙廣告）、TVC（電視廣告）、Outdoor（如：公車、捷運、戶外看板等）、派報、廣播、網路等。代銷公司須負責搭建接待中心，包含樣品屋、模型等，還有接待中心裡的人力，都是代銷公司的成本。一般來說，代銷需成功銷售一定比例的戶數才能回本，而且最好盡快完銷再換下一個案子，不然可能血本無歸。

代銷需成功銷售一定比例的戶數才能回本，而且最好盡快完銷再換下一個案子，不然可能血本無歸。

跑單

不管是建商自售或是代銷銷售，由於建商和代銷並非一年 365 天都有建案可以賣，所以通常不會雇用太多的正職業務，每當有開案時，就會聘請一些「跑單」。由於「跑單」銷售經驗非常豐富，因此練就出很高的敏感度和銷售功力。「跑單」通常底薪很低，以銷售的獎金為主要收入。

專案經理

每一個接待中心都有一個專案經理，如果是建商自售，專案經理就是建商的人，如果委託代銷銷售，則專案經理就是代銷的人。專案經理手上都有一張「銷控表」（銷售控制表），負責管控該建案每一戶的底價，包含哪些戶別（如：A戶6F、C戶8F）已經售出、哪些戶別建商要保留不賣、哪些是地主保留戶、每一戶的開價和底價為何等。

專案經理手上都有銷售控制表，簡稱銷控表，看戶別銷售狀況。

專案經理每週固定與建設公司開會，報告銷售情形，並視銷售情況調整銷售策略和價格。

認識了上面每一個角色的工作內容，接下來我們要來學習如何議價了。

⊙議價前做好充分準備！

預售屋議價是一門很大的學問，不管是建商自售或是代銷銷售，你面對的都是經驗非常豐富的跑單與專案經理，如何取得他們的協助，為你爭取一個好價格？

事前的功課很重要

和中古屋一樣，在議價之前做足功課是必要的，包含：最近半年區域成交行情、建商評價等。當跑單寫給你的價格高出行情許多，你

可以把你做的功課提出來跟他「討論」。**記得，不要以「挑戰」的角度來質問跑單喔**！由於價格是建商和專案訂的，跑單必須有成交才有獎金，所以他也很想成交。把他當成你的朋友，把你做的功課跟他聊聊，請他幫你爭取想要的價格。

善用關係、管道

看建案之前記得先查詢建商、代銷是哪一間公司，若你有親友認識裡面的員工，可以問問看有沒有員工價，如果你現在住的房子也是同家建商蓋的就更好了！前面提過的空姐好友，因為多年前跟一家建商買了一間預售屋，有段時間在 House123 負責建案議價，因此幫忙談了 6、7 個同一家建商的預售屋，總共成交了幾十戶，被建商列為VIP。她在一開始幫我們的第一個客戶議價時，也是搬出「目前住的就是他們家蓋的房子」，來作為拉近關係的敲門磚。就像中古屋議價時，要找出和賣方的「相似處」來拉近彼此的距離一樣，**跟建商議價，也可以用「喜歡他們家蓋的房子」做為施力點來增加議價力喔**！

單價、總價都要考量

議價時除了比較單價外，也要考量總價，**如果要買車位，一般車位都是不二價，且開價不低，與其針對車位議價，不如直接用總價議價**。此外，由於現在房價高，低總價的產品有一定的吸引力。由於大部分人在考量空間時多以格局做判斷，如果一個建案裡有 22 坪的 2 房和 30 坪的 2 房，就算單價一樣，22 坪的 2 房絕對比 30 坪的 2 房好賣，因為總價低，以一坪 30 萬計算的話，總價就差了 240 萬，雖然 22 坪的新房子扣掉公設後只能做小兩房，對於首購族來說，負擔相對較小，較容易入手。

議價前，記得先準備好自己的儀容和心態

由於跑單接待客人的順序是用輪流的，如果你不是精準的潛在買

方，他希望盡快送你走，他好再排隊等著接待下一組客人，尤其在看屋人潮較多的週末。所以出門前記得打理一下自己的儀容，讓自己看起來自信、舒服。除了儀容之外，心態也很重要喔！有人說議價是在比「氣勢」的，所謂的「氣勢」不是兇，而是自信和泰然自得。**議價前，先準備好自己的心態，告訴自己我買得起，就算價格開得太高我要殺價，也不是因為我買不起，而是因為不合理。所以不要氣勢比人低喔！**

我有幾個學員分別去看同一個預售屋，但他們最後拿到的價格，同一個戶別居然每坪差了 3 萬，30 坪差了快 100 萬！原來在介紹的時候，一個學員提到自己之前有買板橋的預售屋，都獲利了結了。跑單開玩笑地說：「哇！那你賺很多吧？」他笑笑的說：「是啊，所以

買 房 關 鍵 問

Q 預售屋議價時，直接跟專案談價格會比較好嗎？

許多人都以為找專案經理出來談比較有議價空間，所以談到最後就要跑單請專案經理出來。結果專案經理一出來就先當著客人的面，劈哩啪啦先唸了跑單一頓，說跑單給的價格破底價，沒有先問過他，胡亂答應客人，他根本不能賣。結果你本來是打算等專案經理出來時再狠狠砍一刀的，沒想到不僅砍不成，連原來小姐答應的價格居然還快保不住，心急之下，只要能保住原來的價格就滿足了，結果什麼也沒多凹到就買單了！其實他們就是在演「白臉黑臉」，這時候，就要動之以情，說之以理，有耐心地把跟小姐說的通通再跟專案說一次，能成就成，不能成就再看就好，不要掉進了擺好的局。

Q 代銷說已經下訂不能退？否則要扣違約金？

為了保障消費者的權益，凡跟建商或代銷簽立契約，不管是新成屋或預售屋，都可享有至少5天的「合約審閱權」，只要在審閱期間反悔不買，建商、代銷必須全數歸還你已經支付的所有價款，包含訂金、保留金、簽約款等，不可以任何理由扣除手續費、佣金等費用。

不過，如果以信用卡支付以上價款，而建商、代銷已經跟信用卡公司請款，則信用卡公司會跟建商、代銷收取2%～3%不等的手續費，即使你事後退訂，此手續費仍已產生，建商、代銷僅能歸還扣除手續費後的金額。如有顧慮，可以請建商、代銷於合約審閱期後再跟信用卡公司請款。

現在改看其他區。」就因為這一句話，跑單給他可以給的「成交底價」，另一個學員拿到的則是「參觀價」。一句話值 100 萬，原因無他，因為那句話代表他是「精準的潛力買方」！

記得帶信用卡

為了表示誠意，只要你想要的價格有機會幫你爭取到，業務通常會請你先下訂，他們再去跟建商爭取。如果之後價格沒有幫你要到，你再來退訂金，如果價格有爭取到，就會跟你約簽約的日期（通常期限約一個禮拜），並補足訂金和簽約金。所以，議價時要記得帶信用卡，並將刷卡的單據保留好，如未來要刷退比較方便。

我有個高雄的學員來台北看房子，在議價到了僵局階段時拿出信用卡，只是他拿錯卡了，他拿出來的是美國運通的「黑卡」（無限額度，堪稱信用卡界裡的「卡神」），跑單姊姊看到黑卡就不讓他走了，要他無論如何一定要買，還說價格好談！不過，因為他事先做的功課還不夠多，對區域也不熟，雖然有了黑卡的加持，因為不知道合理價在哪裡，所以不知道如何砍起，可見做功課還是很重要喔！

買 房 關 鍵 問

Q 預售屋合約包含哪些內容？

預售屋合約通常有兩本，土地契約和建物合約各一本，分別調列土地與房屋資訊，包含：坐落位置、主建物、附屬建物及共有部分（分別條列面積和售價）、停車位性質、規格與大小等。此外，合約中還會約定付款方式，以及交屋時發現坪數有落差，要如何找補？逾期付款或延遲交屋時如何處理？履保機制為何？換約手續費多少？（最多不可超過千分之一）

除了土地和建物合約外，有些預售屋還會有「社區生活公約」，連完工後的管理維護也會寫在合約內。建案完成交屋後，建商會召開第一次「區分所有權人大會」，輔導住戶成立管委會，並事先預估每月的管理費用。有些建商還會提供1～3年的管理維護，之後再轉交給管委會決定後續的管理方式，並重新評估管理費用。

要點
7

揪團一起買，
每坪再省5～10%！

TIP→談判的精神就是：可以「想要」，但不能「需要」。

➔ 掌握兩個議價好時機

預售屋議價有兩個好時機：「剛開案的時候或是潛銷」時，與「快要完銷結案」時。由於建商在開案時還在測試市場的接受度，加上求好彩頭，前面幾戶比較願意用好一點的價格先售出，一旦賣得不錯再調高價格，所以大部分的建案都是越賣越貴。當然，如果一開始開案給的價格就踩得很硬，超過合理價位，先別急著做決定，可以觀察一段時間，如果建商發現定價太高，市場接受度不高，會適時調低價格。不然，也可以善用議價的另一個好時機：利用快要完銷結案時去議價。

通常一個建案，從開案到完銷多為 3～6 個月（戶數太多的可能需要銷售好幾年），由於剩下幾戶就全數完銷了，代銷通常會希望盡快售出結案。加上如果前面有幾戶賣比建商要的價格高的話，就可以用前面超賣的價格來補後面低賣的價格，以「截長補短」方式給你比底價更低的價格。

我曾經買過一間預售屋，代銷租一般店面做為接待中心，但接待中心的租約即將到期，剩下幾戶即將完銷，由於接待中心的屋主跟7-11 簽約，合約到期的翌日 7-11 就要進駐裝潢，我們就用比整棟的成交均價每坪低約 5 萬的價格買了 3 戶，拿到優惠的價格。

⊕ 團購買屋，價格更優惠

　　此外，所有東西都有機會以量制價，房子也是。與其一戶一戶慢慢賣，一次成交 5 戶、10 戶對建商和代銷來說是很好的誘因，當然價格也比一戶好談。由於目前建案的成交比例大約是 10 比 1，也就是：每 10 組來客，最後真正成交的大約只有 1 組，有時買氣冷時比例更拉高到 15 比 1。

　　如果有 10 戶「明確要買」的精準買方，只是卡在價格差一點點，表示代銷可以少介紹 100 到 150 組客戶就能成交這 10 戶，這在買氣冷時更受用。因此，如果能找到想一起買房子的朋友一起去看，一起議價，就有機會以量制價，每坪比單戶議價再省約 5 ～ 10% 的價格，而這也是早期「House123 團購建案」的精神。

⊕ 議價時要「無欲則剛」

　　談判的基本精神就是：你可以「想要」，但你不能「需要」。

　　當你需要這間房子，非要這間房子不可，就很難理智地評估和議價。**好房子很多，不管是要投資或自住，只要勤勞一定都可以挑到好物件。**

　　此外，雖然我們沒有直接教大家新成屋的看屋和議價技巧，不過，新成屋的議價對象通常也是建商和代銷，加上房子已經蓋好，建材、格局、棟距、採光等條件都已經成型，也有鄰近的成交行情可以查詢，所以新成屋的看屋、議價技巧和中古屋與預售屋皆有相通，只要練好並融會貫通，用在新成屋議價自然也無往不利喔！

5

第 章

裝潢＝裝修＋風格，
超高 CP 值裝潢術

比價絕非萬靈丹！
4個重點讓你一次搞定裝潢的大小麻煩事。

關於裝潢，我想說的是……

➔ 找錯工班，工程拖了 8 個月！

「愛莉，我買的房子有漏水，當初跟屋主協調由我來修，我有請幾個抓漏的師傅來報價，可是報價 5 萬到 20 萬都有，為什麼會差這麼多？」

「愛莉，我想要重新裝潢，但我的預算有限，要如何才能用少少的錢來完成我想要的效果？」

「中古屋翻修要抓一坪多少錢比較合理？新成屋會不會比較便宜呢？」

有些人對於議價非常謹慎，買的價格很漂亮，卻在裝潢時多花了許多冤枉錢。不僅工程款不斷追加，還有人遲遲無法完工，最後只好跟設計師解約。

我的第一間房子就是這樣。工班是由仲介介紹，價格便宜（傻瓜行為 1：只從價格考量）。交屋前就請工班丈量，提供設計圖和報價，從 5 月交屋後就進場施工，本來預計 8 月就要完成，結果遲遲到年底都還沒完成。每次去看進度都很緩慢，對於延遲交屋的說法反反覆覆，問題是，我的工程款項已經付了 80%（傻瓜行為 2：付款付得太快，根本還沒完成到那裡），相當於 120 萬，對於工程遲遲不能完成真的很頭痛，就這

用家飾、燈飾、小擺飾
就能營造溫馨又簡約的
居家風格。

樣拖到 12 月。

　　有一天晚上，我和老公吃飯時看日本的節目「全民住宅改造王」，坪數 80 多坪，整個幾乎全部打掉重來，三個月完工。老公看到，哼了一聲，說：「80 坪 3 個月……妳那個才 30 幾坪，做了半年還沒好……」我低著頭幾乎都快要撞到桌子了。

　　後來我毅然決然，決定快刀斬亂麻，跟原本的工班解約，協議請他退回部分的工程款，直接請新的工班接手。新的工班一看現場發現管線拉得太亂，水管和糞管的坡度不夠，排水會有問題，需要重做，我咬著牙答應了，新工班接手後，2 月初就完成了。

　　後來總工程款比預算多花了 30、40 萬元，連舊工班協議退回的款項 80 萬元都三催四請拖了 2 年多才拿到，真的很耗費心神。從此以後，我只找有口碑的工班和設計師做，價格只要合理就好，一分錢一分貨，更重要的是，工程進度和保固服務一定要負責任，不然吃虧的還是自己。

　　可別以為這是沒有經驗的菜鳥屋主才會遇到的喔！有一次我在課堂上說到這個例子，結果有一位從事土木技師的學員，在台下點頭如搗蒜，後來下課後跑來跟我講，當初他家翻修時就是這樣，本來報價

裝潢市場處處是地雷，我也曾在裝
潢時吃了大虧，而猛下苦功來了解
其中的撇步，現在還能自己跟工班
合作，設計出自己想要的風格。

80 幾萬，後來一直追加款項到 250 幾萬！誇張吧？可見裝潢真的是一門大學問！不僅要讓錢花在刀口上，還要注意施工品質、進度和保固服務。所以儘管我不是設計師，也沒學過室內設計，還是要苦口婆心地將裝潢列為一個獨立的章節，分享我的經驗和心得給大家。

⊙ 真的需要花大錢裝潢嗎？

「裝潢」是一門學問，在裝潢之前要先確定幾件事情：房子裝修的目的是什麼？是要自住呢？整層收租？隔套收租？以後是誰要住？人口組成為何？生活習慣？喜歡什麼風格？需要哪些空間機能？哪些家具家電？回答了這些問題，才能開始進行裝潢工程。

我曾經聽過一個知名設計網站 DECOmyplace 創辦人的演講，他將「裝潢」拆解為「裝修」＋「風格」，我聽了覺得很有道理。

所謂「裝修」就是「修繕」等基本工程，舉凡電線、水管、糞管、滲漏水與壁癌處理等皆屬之。至於「風格」，一般設計雜誌上看到的現代風、普普風、鄉村風、簡約風、地中海風等，就是「風格」設計。

花小錢用簡單的家具來收納，不需花大錢訂做電視櫃，一樣有不錯的效果。

若預算不足，就少做固定
的櫃子，用傢飾做搭配，
一樣可以搭出個性風。

　　他提到，台灣人真的很愛花很多錢裝潢，尤其很愛做隔間牆和櫃
子。光是電視櫃、展示櫃、酒櫃……就占了客廳的一大半面積。如果
將我們的家當成台北市，那麼客廳肯定是最精華的地段，相當於信義
計畫區。這麼「貴」的地段，我們怎麼會讓櫃子占用了這麼大的面積
呢？

　　「沒有櫃子，要怎麼收納？」

　　問得好！你確定你家的櫃子都是「收納」用嗎？還是「儲藏」呢？
所謂「收納」，指的是將常用的東西隨手收起來，而「儲藏」則是平
常很少用，放在一個地方，要用時才拿出來。你家的電視櫃裡都放些
什麼呢？我家的電視櫃裡有手電筒、DVD（這很正常）、螺絲起子（偶爾
會用到）、雨衣（一年用不到一次）、跳繩（住了六年從來沒有用過）。這些一
定都要放在電視櫃嗎？

除了電視櫃、展示櫃、酒櫃外，臥房會有大衣櫃，書房會有書櫃，餐廳和廚房還有一排置物櫃，這些櫃子通常都是請木工師傅訂做的，直接固定在牆上。這些訂做的櫥櫃很花錢，而且因為是固定的，如果哪天室內空間配置要做調整，或者下一個屋主不喜歡你的裝潢風格，還要花一大筆錢敲掉重做。在國外，大部分人喜歡買 DIY 的家具回家使用，如果你有逛過 IKEA 或 B&Q 門市的經驗，就會發現，明明只是幾個家具、家飾的擺設，就能讓整個空間氛圍大不相同。

如果客廳和書房想要區隔開來，就用一個書櫃隔開，哪天想改變空間配置，就移動家具就好。看出差異了嗎？歐美的居家裝潢，讓「裝修」與「風格」分開，只要「裝修」的基礎工程做好，「風格」就交給家具、家飾、牆壁顏色等元素決定，不僅費用較低，還可塑造設計感和機動性。

買 房 關 鍵 問

Q 很多家具在店內看起來很好看，為什麼一買回家看起來就是不一樣？

呵！這是因為家具店內佈置的配色有經過設計，家具與家飾的顏色搭配得好，連牆面也有淺淺的顏色，創造出和諧又鮮明的風格。此外，下次逛家具店時記得抬起頭來，看看你頭上有幾個LED的聚光燈在打光，有了聚光燈，家具上的光暈看起來就有了層次，就連牆上的畫看起來都特別可愛！這些色彩和光的效果，我們也可以學起來，小用心和小成本，可以創造很不一樣的氛圍與質感！

7大步驟，
讓你裝修一次搞定！

TIP→基礎工程不能省，水電管線一定要重拉。

⊙拆除、水電、木工、泥做、油漆難不倒你！

學會了「裝修」與「風格」的分別後，我們要先來學習「裝修」的學問囉！「裝修」指的是：水電、格局（泥作或輕隔間）、天（天花板）、地（地板）、牆（牆面）。雖然我們說「裝修」是基礎工程，不過，其中許多巧妙的設計也和下一階段的「風格」佈置有關喔！怎麼說呢？讓我一個一個告訴你！

步驟 1 ⟩房子有漏水、壁癌一定要先解決！

還記得我們教大家看中古屋時要特別留意牆壁、天花板有沒有滲水、漏水、壁癌等情況嗎？如果交屋後半年內發現有這些問題，但看屋時沒有留意到，而屋主和仲介又沒有告知，通常可以請仲介協調前屋主處理修復，或使用「漏水保固」。

一般常見的滲漏水、壁癌原因和處理方式，建議如下：

外牆或屋頂滲水

由於房子外牆年久容易有裂縫，如果裂縫不大，平常若有下雨，

Q 什麼是「漏水保固」？

依民法規定，交屋後5年內，或交屋後發現瑕疵進行通知後半年內，賣方對買方有瑕疵擔保之義務。許多仲介為了加強售後服務，針對屋齡30年內的房子，提供買方交屋後半年的「漏水保固服務」，簽約時會多簽一份「漏水保固約定書」，只要滲漏原因適用漏水保固服務，則買方亦可選擇支付自付額啟動漏水保固服務。以國內某家知名的房屋仲介為例，在保固期限內每次之修護工程費用在新台幣10,000元以下之部分及超過300,000元以上之部分，其費用由施工單位向買方收取，超過10,000元以上，300,000元以下之部分由施工單位向仲介公司收取。

此外，目前有提供漏水保固的房仲都有一些附加條件，如：屋齡須在30年內，並且只有保障所有權內的範圍（頂加或加蓋的不在漏水保固範圍內），如果要請屋主額外針對這些範圍提供漏水保固，則可以在合約上另外備註約定，只要雙方合意是可以的。

雨水流到縫隙裡，等天氣好轉，就會乾燥，不至於會發生滲漏水現象。但是如果一連下雨好幾天，雨水在裂縫裡蔓延，整個牆面吸飽了水，就會滲透到內牆來，如果內牆又因為通風不好，或是貼了壁紙或釘了木板不透氣，久了就會有壁癌產生。

一般對於外牆滲水的處理方式就是等天氣一連幾天放晴，牆面和牆心乾燥時檢查外牆破損的情況，先清潔牆面，將青苔等雜物去除，甚至打到見底後重新填補，再將整面外牆塗防水漆即可。

外牆滲水的處理工程大致上分成 2 種報價方式：一般防水公司報價較高，以施作面積和工程估價，少則 5 萬～ 15 萬，多則 20 萬～30 萬不等。另一種則是由認識、有口碑的工班施作，工班會估算需要的人工和材料費用，通常一面牆約 2 萬～ 3 萬，是防水公司報價的1/2 以下。所以認識有口碑的工班真的很重要。

除了外牆外，如果你買的是頂樓，可能還有屋頂漏水的風險。因此，除了在看屋時多問並多觀察樓頂有沒有做好防水和隔熱工程之外，交屋後如果還是發生漏水現象，要善用「漏水保固」請仲介協助

處理，工程施作的方式和外牆漏水一樣，都是在天氣乾燥時，視破損情況填補水泥，並塗上防水漆。

樓上住戶樓地板漏水

另一種常見的漏水是來自於樓上住戶住家管路所導致。由於一般住宅的廚房、浴室、廁所有水管管路，如果水管有破損就可能造成樓下天花板滲漏水。**由於樓上導致的漏水現象並非前屋主造成，所以不在仲介提供的「漏水保固」範圍內，必須自行與樓上住戶屋主協調處理，看屋時不可不慎。**如果真的遇到，需要先跟樓上屋主連繫，請抓漏師傅先到你家漏水的地方和樓上住戶家現場勘查，判斷漏水的源頭，再針對源頭做處理。

如果是水管破裂，就修復水管；如果是浴室的地板防水沒有做好，就需要將樓上住戶家的浴室地磚和牆壁磁磚敲開，重新作一層防水，再貼上地磚、磁磚，或是以「漏水打針」方式，將裂縫填滿（治標不治本）。

你的樓地板漏水到樓下

除了從樓上住戶漏水到你家，還有一種可能性是從你的樓地板漏水到樓下。常見的地方仍是廚房、浴室、廁所等有水管管路的地方。

(買)(房)(關)(鍵)(問)

Q 常常聽到「漏水打針」，那是什麼？

「漏水打針」就是「高壓灌注環氧樹脂」。施工方法是先鑽孔，放入針頭，以高壓注射「發泡劑」填滿空隙，再注射「環氧樹脂」包覆發泡物，達到止漏的工法。通常「漏水打針」是治標不治本，只是將可能有縫隙的地方填充起來，但由於水會自己找縫隙竄延，只要地板還有其他縫隙，水會從其他縫隙滲出。由於「漏水打針」很便宜，平均一針約1500元左右，所以坊間常用這種方式處理。

由於是前任屋主留下的問題，
所以有包含在仲介提供的「漏
水保固」範圍內，可以請仲介
處理。工程施作方式一樣須先
找出漏水源頭，再針對源頭做
處理。但如果是因為水管或糞
管堵塞所引起的漏水，因與使
用有關，不在漏水保固內，要
找通水管的師傅來處理。

頂樓的防水若沒做好，漏水也可能
會滲到樓下。

其他漏水原因

例如：頂樓水塔年久失修漏水，導致頂樓加蓋的房子牆面嚴重壁
癌，這時只能重新作一個水塔。因為「漏水保固」一般只有保障所有
權內的範圍（頂加不在漏水保固範圍內），如果在看屋和簽約時仲介或前屋
主並無聲明有漏水現象，最好在合約上另外備註約定，請屋主額外針
對這些範圍在交屋後半年內提供漏水保固。

愛莉 貼心提醒

裝潢前一定要確認有無漏水

為了避免責任歸屬問題，最好在裝潢之前或裝潢之初
再次仔細檢查有無滲漏水、壁癌等問題，仲介、前屋
主才不會將漏水原因歸究於你的裝潢工程，規避「漏
水保固」責任。有些屋主原來的裝潢是用木板或壁
紙，結果請師傅拆掉木板或撕掉壁紙，發現底下的牆
面有滲漏水、壁癌等問題。由於只進行了拆除工作，
還沒有真的動工，這時可以馬上停工，並請仲介、前
屋主來處理漏水問題。

步驟 2 安全為上，水電、管線需重拉！

處理完了滲漏水和壁癌問題，另一個大工程就是評估水電、管線是否需要重拉。**一般而言，如果屋齡在 20 年以上，且前屋主沒有換過管線，為了安全考量，最好重新拉電線等線路，更慎重一點，會連同水管、糞管都重新做**。由於水管、糞管通常隱藏在地板下方，電線等管線通常隱藏在牆面和天花板，因此如果要重新拉水電等管線，整個室內的天花板、地板、牆面可能都要重做。假如你買的是一間裝潢好的房子，除非上任屋主已經全部換過管線，否則所有裝潢幾乎都要敲掉。這也是為什麼我真的不建議買剛重新裝潢好的房子，因為水電、管線都藏在天花板、地板、牆面裡，我們無法從外觀明顯判斷其施工品質，但前屋主卻會將所有裝潢成本轉嫁給你。

愛莉貼心提醒

保存管線配置圖

如果有重拉管線，記得請設計師提供管線配置圖，日後如果需要修繕，才知道水管、糞管、電線管路怎麼走。尤其是隔套收租，管線配置比較複雜，如果沒有管線配置圖，日後如要修繕就只能憑記憶挖地磚來找位置。我曾有一次這樣的經驗，真的非常麻煩！一定要記得請設計師提供，並在公共走道區域預留維修孔，維修時才不會影響房客生活品質。

步驟 3 結構牆拆不得！小心你家變危樓！

還記得在看屋時我們有教大家要敲一下每面牆的材質，看它是磚牆還是木板。到底是磚牆好還是木板好呢？如果你不滿意原來的格局，要重新做隔間，那麼原來隔間牆的材料以木板較好，因為拆除成本較低。如果原來的隔間牆材料是磚牆，不僅拆除成本較高，廢料運

不是所有的牆都能拆，隔間牆可以拆，結構牆千萬不能動。

送的成本也較高。在裝修前要先確認格局有沒有要變更，而且最好確認哪些是結構牆（不能拆）、哪些是隔間牆（可以拆），避免傷到結構。

　　變更格局通常需要重新做隔間牆，如果有動到衛浴和廚房，還需要重新做室內防水的工程。一般常見的隔間牆的做法包含：磚牆、陶粒板、Ｃ型鋼中間加隔音棉，並以矽酸鈣板封板、或是木板隔間。有些小坪數的空間為了兼顧隔間與收納的需求，會用雙面用的衣櫃、收納櫃來做隔間，如果隔音效果不特別講究，也是一個聰明的做法。

步驟 4 誰說一定要做天花板？ loft 風正流行！

　　有的房子天花板太老舊或是做得太低，這時可以請工班裝修天花板。如果天花板只是太舊，高度和造型沒有要變更，可以請工班重新上油漆、貼壁紙即可。如果要重新做，則可以選擇以下幾種作法：

以「石膏板」搭配「明架」做天花板

一般辦公室天花板大多屬之，一格格的天花板支架露在外面，稱為「明架」，搭配「石膏板」每坪約 900 元～ 1200 元。很多隔套收租的套房都用這種方式施做，不僅便宜，未來維修也方便！

此為石膏板搭配明架做天花板，是最簡單施做的天花板。

以「矽酸鈣板」搭配「暗架」做天花板

一般住家的天花板大多屬之，雖然從外觀看起來就是一大片，其實那是批土、油漆後的樣子喔！在批土之前，它還是一塊塊的矽酸鈣板，只是牢牢地固定在暗架上。每坪約 2300 元～ 3000 元連工帶料，依照材料材質而異。

用平釘天板，搭配個性的吊燈，家的氣氛馬上變得不一樣！

　　一般暗架的天花板，有些會做造型，或搭配「間接照明」，塑造室內溫馨的舒適感，或者平釘，做嵌燈。由於燈光對於室內的氛圍真的很重要，如果你有做天花板，嵌燈記得不要平均分配，而是中央區域集中照明配 12cm 鋁框嵌燈（才不會太暗）和外圍配聚光效果的 LED 四嵌、雙嵌、單嵌燈，會讓室內光線更有層次，家具氛圍更有質感，就像我們去逛家具店看到的光暈一樣，特別有 fu。針對不同的區域，尤其是餐廳或吧檯，也可以搭配吊燈，為空間提供不同的層次與表情。

將原來的天花板拿掉，不做天花板

　　如果天花板上沒有管線經過，為了保留樓層淨高，並節省預算，也可以考慮不做天花板喔！如果沒有天花板，可以選擇搭配吸頂燈、吊燈，也可以在重點聚光區域做軌道燈，為重點家具和牆面打光，一樣有 Spotlight 的效果。這幾年來流行的 loft 風格，還特別不做天花板。就算管線外露，搭配室內整體造型，反而很吸睛喔！

不做天花板，直接以軌道燈＋吊燈，反而很吸睛喔！

地板需要重新做？各式材質比一比！

有人喜歡拋光石英磚的明亮，有人獨鍾木地板的溫暖。如果你不滿意原來房子的地板，可以選擇重做地板。拋光石英磚幾乎沒有省錢的做法，只有工班的人工和材料費用需要跟師傅多加討論，實際報價依材質而定，普通材質每坪費用連工帶料約 4500 元～ 5000 元，上等材質每坪上萬的也有喔！

一般常見的木地板有以下選擇：「實木地板」、「超耐磨地板」、「海島型地板」和「塑膠地板」。「實木地板」使用整塊木頭切割製作，厚度約 1.2cm，上面再噴保護漆，價格依木頭種類、材質而異，以高級的柚木為例， 每坪 11000 元～ 30000 元皆有，也有較便宜的雜木去染色的實木地板，每坪約 4800 元～ 5500 元。因台灣天氣潮濕，實木容易因受潮而變形，如果材質不好，實木中有蟲卵，則可能有蟲蛀的問題。「超耐磨地板」厚度約 9mm，表層的 1mm 為美耐板，下面的 8mm 為木頭夾板，每坪約 3500 元～ 4500 元。「海島型地板」厚度亦約 9mm，表層的 3mm 為實木，下面的 6mm 為木頭夾板，因表層實木材質不同而異，每坪約 4200 元～ 10000 元皆有。

如果想做木地板，但又想省錢，可以考慮貼塑膠地磚。「塑膠地板」是以塑膠仿木質紋路，不僅有多種木紋可以選，不用擔心有白蟻、蛀蟲問題，價格便宜，每坪連工帶料約 900 元～ 1250 元，我的隔間套房通常使用這種地板。如果你的房子裝潢後是要出租的，這是一個 CP 值很高的選項喔！

木紋塑膠地板的仿木質紋路，質感還算 OK，若預算不足時，是不錯的選項。

挑選仿木紋地磚的要訣

如要選用仿木紋的塑膠地磚，記得要挑選表面摸起來沒有凹凸不平紋路的喔！表面不平整的塑膠地磚雖然看起來很有質感，但是用久了以後，灰塵、髒汙都會卡在紋路的縫隙裡，很難清理，而且打掃過後，很快又會卡髒東西。地板看起來髒髒的，連原來加分的質感也不見囉！

愛莉 貼心提醒

步驟 6 ＞牆永遠只有白色？善用色彩創造空間氛圍！

如果牆面的漆或壁紙太老舊，這時可以請工班處理牆面。一般常見的有重新上油漆、貼壁紙，不管是哪一個，都需要考慮「風格」，並與家具、家飾做搭配。施作的價格依室內面積、牆面是否需要再批土，以及壁紙、油漆材質等報價不同而異。

用淺藍色系來搭配客餐廳的主色調，不但耐看而且讓人覺得溫暖。

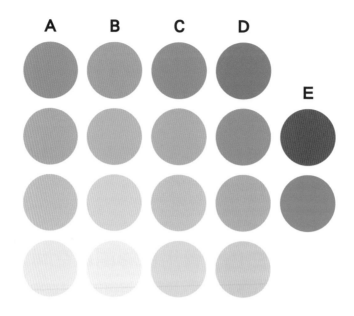

　　牆面的顏色，最常見的是「百合白」，不僅乾淨明亮又舒服。不過，這幾年也開始流行用其他色調來當牆的主色喔！上面這張圖片中ABCD 四欄色相，AB、BC、CD 各自兩兩成為和諧的色相，可以用在同一個空間。每一色相依照深淺又分成了不同的顏色。

　　在設計師的建議下，我將這個顏色的概念用在我的第一間自住屋的裝潢上：客餐廳用Ｃ欄中的淺藍色搭配Ｂ欄的綠色系，主臥是Ｄ欄中的淺粉紫色搭配Ｃ欄的淺藍色，另 2 間客臥則由 AB 二欄中的淺綠色系互相搭配，天花板做了我喜歡的嵌燈，並搭配幾個LED的聚光燈，巧妙地打在沙發區和餐桌旁的大面 IKEA 櫃子。窗簾的色系也搭配牆面選擇素色的落地窗簾。因為沒有變更格局，水電也僅重新移動冷氣位置，所以當我用室內坪數每坪約一萬出頭就完成了室內的裝潢，含家具家電也僅每坪約一萬六，朋友們都覺得很不可思議。

　　除了和諧的色系外，有些人特別喜歡鮮明的顏色，如 E 欄溫暖的橘紅色系。這類的顏色搭配上特別需要技巧，可以跟你的設計師討論喔！

步驟 7 系統家具、活動家具各有優劣

　　雖然我一再強調活動家具的好處，不過，對於特定空間的家具配置，訂做的家具仍有一定的優勢。訂做的家具最大的好處是依照空間的長寬高，量身訂做適合的家具，從天花板直接做到地板，絲毫不浪費空間。尤其是玄關的鞋櫃，通常是設計在樑下，增加收納的空間之餘，也讓大樑不那麼突兀。或是廚房裡的電器櫃，電器櫃裡針對各類小家電設計了托盤、插座等，讓常下廚的媽媽做起菜來方便許多，還有浴室裡洗手台下的浴櫃、鏡子背後的鏡櫃等，也不是一般活動家具可以取代的。

　　不過，雖然如此，還是可以依照個人需求混合搭配。例如：客廳的電視櫃一定要訂做嗎？書房裡的大面書櫃和臥室裡的衣櫃呢？建議可以先請系統家具的廠商先到現場丈量、報價，並同時逛逛家具店，比較尺寸比較合用的家具的價格，考量 CP 值後選擇適合的選項。以預算來看，木工訂做的費用最高，系統家具次之，活動家具最便宜。

　　以上是「裝修」的項目說明。發現了嗎？雖然「裝修」屬於裝潢裡的基礎工程，不過，舉凡燈光、油漆的顏色等影響風格設定的元素，還是跟天花板與牆面的裝修有關，而櫃體的選用，不僅跟風格有關，更與預算息息相關！

浴室、廚房的廚櫃、都可以考慮訂做，空間運用得宜，方便使用。

6大招數，
用小錢打造夢幻空間！

TIP→ 小資省錢術，營造風格有方法，少做固定家具。

完成了「裝修」的基礎工程，再來就是「風格」設計了。

「風格」考驗著每個人的美感與品味，要將牆面、天花板、地板的材質、外觀與家具、家電、飾品、佈置搭配的渾然天成，真的需要下一番工夫，這也是許多人一遇到裝修就乾脆請教設計師的原因。我覺得在「風格」設計上，只要多逛家具店、多參考網站、雜誌上的佈置和擺設，漸漸地就會找出自己喜歡的風格，並且培養起自己的品味喔！

由於「風格」針對不同的空間有不同的營造技巧，我有幾招常用的跟大家分享：

招式 1 ＞ 燈光是空間裡的魔法師，你家有幾種燈？

如果將家具、家電、飾品、顏色當成空間裡的素材，那麼將燈光比喻成魔法師真是再貼切不過。燈的位置和種類很重要！在接觸設計以前，如果我要做天花板，要使用嵌燈，工班一般都會幫我搭配照明效果較好的「漢堡燈」，依照空間的大小看要用幾個，避開床和櫃子這些位置後，平均分配排排站，偶爾會搭配局部的間接採光做效果。

在接觸設計之後，我才發現原來燈光的學問這麼多：除了常見的

一般嵌燈 ──「漢堡燈」和間接照明外，還可以搭配 LED 聚光嵌燈、吊燈（常用在挑高的客廳或餐廳、吧檯）、立燈（需要閱讀的空間尤其需要）、吸頂燈或軌道燈（沒做天花板時可用），為空間提供層次和氛圍。

　　更有趣的是，燈光這個魔法師雖然會多花一點點錢，但是時間拉長來看，真是裝潢裡最值得的一項投資，會讓空間的氛圍完全不同喔！而且，只要掌握幾個元素，可以依照預算自行規劃。下面這張照片，是全室裝修費用僅花約 38 萬（室內 34 坪）打造出來的燈光效果，如果預算有限，還是可以掌握幾個原則，用小預算打造溫馨可愛的居家空間。

燈的位置和種類很重要！圖裡有一般的崁燈Ⓐ、LED 聚光嵌燈Ⓑ和吊燈Ⓒ，為空間提供層次和氛圍。

招式 2 ▸ 牆面色系與窗簾巧妙搭配，質感提升 50%！

如果家具是空間裡的主角，那麼牆面的顏色可以說是背景了。一般而言，如果你挑選的家具價位較高，質感很好，用百合白的壁面的確很能襯托家具的質感。如果挑選的家具價位較平價，那麼巧妙地搭配和諧的牆面色系與燈光，會讓家具的質感看起來更好。我做了幾次實驗，的確很滿意！

可以把紗簾和布簾放在同一個軌道，可節省預算，但看起來會有雙軌的效果。

跟百葉簾相較，我個人比較喜歡拉簾，清潔時相當方便（圖為調光簾）。

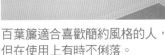
百葉簾適合喜歡簡約風格的人，但在使用上有時不俐落。

　　除了牆面顏色外，還有一個大面積的色塊就是「窗簾」。窗簾的顏色大多會搭配牆面的顏色，以「和諧」為原則。一般窗簾可分成單軌、雙軌、甚至是三軌。軌道越多價錢越高，但可以創造一層布、一層紗的層次效果。

　　如果預算有限，想用單軌，一樣可以把紗簾和布簾放在一起。紗簾放在布簾中間，平常拉開時看起來有層次，拉起來時紗簾集中在中間，因為密度夠集中，一樣有遮蔽的效果，不失為高 CP 值的做法喔！

　　此外，下次去逛樣品屋時記得留意一下，樣品屋裡的客餐廳和主臥如果有開窗，它的窗簾一定是落地式的，不會是半截式的（僅做到窗的下緣）。這樣做不僅讓高度有挑高的效果，還沒拉開窗簾時，還會有「那邊有落地窗」的錯覺，哈！同樣的概念我們可以用在住家的裝潢上，雖然材料費會高出一些，但效果差很多，絕對值得喔！

　　除了大面窗簾，有些房間的窗簾可以使用百葉、拉簾或近年來很火紅的「調光簾」，不僅有百葉窗的質感，又有拉簾的方便，是好看又好用的選擇。

Q 我選了牆壁的顏色,也搭配了窗簾和家具的色系與風格,但是既有的櫃子和門的顏色很不搭,怎麼辦?

沒關係!櫃子可以透過貼皮或噴漆的方式來改變顏色,門片也可以透過噴漆的方式重新上色喔!不只是櫃子和門,連常見的深褐色踢腳板都可以請木工重新換上白色的,讓室內風格看起來更一致!

招式3 善用電視壁掛,空間更簡潔!

液晶電視的價格越來越便宜,普及率也越來越高。你知道你買的電視,只要多加 1000 元～ 1500 元,就可以請家電行的師傅幫你安裝壁掛嗎?(含安裝人工費用與壁掛的材料費用)有些家電行甚至只要多加 300 元～ 500 元不等(依電視尺寸,越大越貴)喜歡空間簡潔寬敞的人可以善用這個撇步。

不過,壁掛的時候要注意,電視的電線插座、訊號線和網路線的孔位,記得留高一點,到時候裝上電視時可以將這些線遮住。不然壁掛了電視,線路卻雜亂地散落在電視下方,還不如直接放在電視櫃上還比較好。

電視裝不妨用壁掛的方式,空間顯得很簡潔!

招式 4 多元家具塑造居家大空間

　　有鑒於都會區的房價高漲，除了買大坪數外，也可以多利用不同的家具為小空間塑造出大坪效。例如：小坪數的客廳不一定要有茶几，如果換小邊桌呢？如果沒有餐廳，那麼利用廚房和客廳間的空間做一個小吧檯呢？家具不是越多越好喔！重點是機能性和寬敞的空間感，只要能符合使用機能，空間寬敞舒適，住起來就很舒服。

若坪數不大，可考慮做個小吧台，機能性較多。

用邊桌代替茶几，讓空間看起來較寬敞。

招式 **5** 鋪上南方松，頂加平台變成空中花園！

　　如果你買的房子有頂樓加蓋，而且沒有蓋滿，或是有個小陽台，可以好好利用這個空間塑造居家生活中的綠意與休閒。以右邊這個例子，將陽台鋪上南方松，再種一些植物，馬上變身為休憩空間，創造全然不同的居家氛圍。

即使再小的陽台，鋪上南方松，擺放一些植物，就會有紓壓的效果。

在佈置陽台時，可擺放一些風格小物。

招式 **6** 一秒變文青！假掰飾品不可少，看到就想住

　　佈置是一件好好玩的事，也是我最喜歡的任務。巧妙地搭配顏色與風格，在沙發上擺上抱枕，幫床鋪上舒服的床單，在櫃子上放幾個「假掰」的相片、時鐘，在桌上鋪上桌巾、花瓶、還有喜歡的餐具，哇！就算只在餐桌上喝咖啡，連咖啡喝起來都特別香呢！

　　佈置不僅可以為住家增加舒適感，連出租和出售時也會加很多分

190

喔！**我曾經做過幾次實驗，有佈置過的房子不僅出租的速度比較快，房客看了就喜歡，願意承租的價格比較高，連出售時也不例外，因為賣相好很多！**畢竟人是感官的動物，看到鋪了軟綿綿的棉被和大枕頭的床，就想上去睡覺，看到陽台有植栽也會想像自己住在這裡後怡情養性、蒔花弄草的畫面，讓人一看到就想住下來。

　　台灣的室內設計產業發達，不管坪數大小都有營造空間的技巧。平常多看設計裝潢雜誌，多收集設計圖片和裝潢技巧，也可以多到新成屋、預售屋的接待中心參觀樣品屋，多吸收不同設計師的經驗和獨到規劃撇步，為你的黃金屋加分！

幾張海報，一把舊吉他，IKEA的收納櫃，營造偽文青的角落。

學會工序順序，
你也可以自己發包

「愛莉，妳說的這些我都學會了，可是，這麼多的步驟，順序是什麼？」

問得好！這就是裝潢裡最重要的「工序」。一般來說，進行的順序如下：

①拆除工程

如果要變更格局或有部分裝潢（如：訂做的櫃子）不要的話，那麼在裝潢施工之前，會先進行拆除的工程。此項工程會包含拆除的人工和垃圾清運的費用，依照拆除的材料（拆除泥作的磚牆比木作的費用高）和數量而異。

②泥作工程

如果有拆除工程的話，拆除完成後，泥作師傅就要進場施作，修補原來的牆面和砌新的磚牆，尤其是浴廁的磚牆會先做，工程進行會比較順。

③水電工程

　　泥作完成的差不多後，水電師傅要來配管線（如果沒有動格局，通常水電就會是第一個進場）一般水管和糞管大多走地下，透過幹管接到公用管一起排出去，而電線的話一般多走牆面，因此水電會挖溝槽來配置管線。

④隔間牆工程

　　現在有越來越多的人選擇用輕鋼架中間加隔音棉，再封上矽酸鈣板來做隔間牆，而不選用較重的磚牆和陶粒板。前者會由輕鋼架的廠商派師傅來施作，後兩者則由泥作師傅施做。

　　基本上，泥作工程、水電和隔間牆工程會交叉施工。水電必須等牆面好了才能完成管線配置，而水電在磚牆上挖了溝槽埋線或在地面上配置了排水坡度適宜的水管、

糞管後，也需要泥作師傅將溝槽修平，並將地面墊高施做水泥粉光。而隔間牆如果使用的是輕鋼架，在封上矽酸鈣板前也需要水電師傅先在裡面配好管線。

　　由於工序會交叉，考驗著設計師和工頭調度、安排的功力。一個有固定師傅班底的設計師或工頭安排起來會比較順暢，節省施工時間，工序上比較不會出錯，師傅間的默契也比較好。我的第一間房子在裝潢時之所以會拖這麼久，是因為負責的工頭沒有固定合作的班底，做到哪才調度到哪，加上個人財務困難，便一直拖欠下去。

⑤木作工程

　　如果有要做天花板，木工在水電配置好管線後就會進場施工。雖然木工工程是在水電之後，但早在初期的報價階段，木工就需要先和水電溝通，先了解冷氣裝在哪裡？冷氣管線怎麼走？哪些管線需要木工以天花板和假樑的方式包起來？了解這些後，木工才能丈量、報價，並於之後按照規劃去施作。

⑥油漆工程

　　木工完成後，油漆工班就進場囉！油漆工程包含：填縫、批土、調色、上底漆、再上一層面漆，最後裝潢全部完成，家具家電也都搬入後，油漆師傅還會針對不小心弄髒或撞到的地方進行最後修補，油漆工程即告完成。

　　一般而言，木作天花板一定要先填縫、批土才上漆，至於牆壁，如果是中古屋，不管牆面有沒有變動，通常都會建議先批土再上漆，平整度會比較好。如果是新成屋，因為驗屋時已經檢查過了，牆面的平整度較佳，如需要重新油漆則可考慮不批土，直接上油漆，預算上會比較精省。一般設計師口中的「一底二度」、「二底三度」，「底」指的是批土次數，「度」則是上漆次數。次數越多，質感越好，但價格也越高。

⑦燈具安裝

　　油漆完成後，水電師傅或燈具廠商會派師傅到現場裝燈。

⑧地板工程

地板工程的工序通常會依不同的裝潢需求而變動。如果地板選用的是拋光石英磚，有時泥作師傅在前面的工程就先鋪設，完成之後再鋪上板材保護，避免木工或油漆工程進行時造成汙損。如果選用木地板或塑膠地磚，會等油漆工程完成後再請木工師傅或塑膠地磚的師傅進行施作。

⑨系統家具

如果有部分家具是透過系統家具訂做，則地板和油漆完成後，系統家具廠商就會進行安裝。

⑩清潔工作

裝潢工程告一段落，接下來就要進行全室清潔囉！除了打掃、擦拭、清洗外，還有剩餘的裝潢廢料清運也會在這個階段一併進行喔！

⑪窗簾安裝

　　在清潔之前，窗簾廠商通常會先來安裝窗簾軌道，等到清潔完成後再來安裝窗簾。

⑫家具家電進場

　　除了冷氣工程會在水電施作時一併完成外，其餘的家具家電會在清潔工程完成後才進場，畢竟入了家具家電後空間可就沒那麼好打掃，還會弄髒家具家電喔！

⑬佈置工程

　　耶！終於到了最後一個步驟，也是我最愛的「佈置」囉！逛逛家飾店，選擇成套的抱枕、地毯、床單、枕頭套、碗盤和可愛的雜貨，回家妝點心愛的家喔！

別踩4大地雷
避免裝潢糾紛自保之道

TIP→ 一定要詳閱裝潢報價單，並對使用的建材一一確認。

狀況 1 朋友介紹的設計師就不用簽約？

　　房子有了地段、建材、外觀、基地大小等「硬件」，也要有裝潢、設計這些「軟件」。依據消保會的統計，室內裝修糾紛一向高居消費糾紛之冠。由於許多裝潢糾紛都與「朋友介紹」的設計師有關，當初礙於人情壓力，加上把對朋友的信任移轉到設計師身上，不僅沒有詳細閱讀合約就草草簽約，有的甚至只有一紙報價單，沒有簽約。等之後遇到糾紛時要舉證對方違約，卻發現沒有詳細的書面資料可以佐證，使得雙方各說各話，無法求償，如果房子又因為裝潢問題導致無法入住，就會覺得身心俱疲，快要崩潰。

　　「合約」可以說是裝潢工程中最重要的一份文件，詳細規範雙方的權利義務。舉凡簽約人、工程地點、工程範圍、項目、工程期限、各期工程款項的支付時間等都會條列在合約裡面，並以「報價單」、「設計圖」做為合約附件。

　　此外，由於許多裝潢的糾紛都發生在施工建材和品質不良，**所以報價單上除了明訂尺寸、數量外，還要標明建材的品牌、規格，日後進行驗收時才能明確點交。**

　　屋主收到報價單後，一定要詳細閱讀，如有不熟悉的建材，可以

請設計師或工班帶你到建材行看實品，確認 OK 之後才簽名。只要合約和附件上有標明建材，屋主簽了名後就代表同意使用。至於好不好看或實不實用，必須在簽約前就確認清楚，否則除非最後交屋的建材有瑕疵或與報價單上不同，不然不能因不喜歡或其他主觀因素要求賠償或重做。

報價單上，設計費和監工費最好跟工程報價分開，讓各項工程報價單純僅包含人工和材料的費用，方便詢價。

狀況 2　工程款項分期付款就安全？小心文字陷阱！

　　裝潢和預售屋施工很像，通常都會分期付款，做到哪繳到哪。不過，可別以為只要分期付款，資金的風險就會小一點喔！還必須明確訂出各階段的驗收項目，完成這個階段的驗收工程，再繳付下一期的工程款，比較安全。

　　分期付款到底分幾期比較好呢？有些設計師僅分成三期款：在第一階段開工前預收金額 30%，等第一階段的拆除、砌磚、水電配管和門框安裝等基礎工程完成後，再接著進行第二階段的工程，將磚牆粉

光、磁磚、天花板、冷氣配管完成，於油漆工程開始進場前收取第二階段的工程款（總金額 50%）。最後，等油漆、壁紙等工程完工，各種設備安裝完成，於七日內驗收無誤即收取最後的尾款（總金額 20%）。這是我常合作的工班分期付款的方式。

有些設計師分成五期款，常見的分期方式為「3—2—2—2—1」模式。第 1 期：簽約即支付 30%，第 2 期：拆除進場付 20%，第 3 期：泥作進場付 20%，第 4 期：木作進場付 20%，第 5 期：完工付 10%。看起來分得很細，好像對消費者更有保障，其實裡面可是充滿了陷阱。仔細看看第 2 ～ 4 期的支付時間，有沒有發現兩個關鍵字：「進場」。我們說過，拆除工程是所有工序裡的第一個步驟，如果依照這樣的付款方式，而且是指「拆除進場」就要再付 20%，等於工程都還沒有進度就已經付了 50% 的款項，等到事後有糾紛或找不到人時已經付出去一大筆錢了。

此外，由於泥作工程、水電和木作通常會交叉施工，如果該工程——「進場」就要付錢，可能才在施工不到一半的進度（例如：木工師傅剛開始要釘天花板時）就已經付完 90% 的款項了（就像我第一間房子的慘痛經驗），超付這麼多的情況下，事後如有糾紛只能透過協調的方式，根本沒有款項可以扣押做為談判的籌碼。

請在裝潢前慎挑工班，免得追加預算談不攏，又來個擺爛不理。

裝潢的費用從數十萬到數百萬都有，材質的價差也很大，必須要在簽約前一一溝通清楚。圖為中古華廈重新裝潢，裝潢費 700 萬（室內 70 坪）。

所以，不管你的工程款是分成三期也好，五期也罷，一定要在合約或報價單上明確列出各階段的驗收項目，完成了這個階段的驗收工程，再繳付下一期的工程款，才能讓工程款的支付和工程的進度真正同步，保障消費者的權利。

狀況 3 便宜不一定大碗！付款一定要留下金流記錄！

最近有些網站提供了「裝潢媒合」的服務：消費者上網提裝潢需求，由設計師提供提案和報價，最後由消費者根據各家提案和報價決定委託給哪一家做。這個服務的立意雖然很好，可是，許多消費者最後決定的考量點通常落在報價單上的價格，造成施工品質不良等常見的裝潢糾紛。

雖然我常常強調錢要花在刀口上，強調 CP 值，可是切記：便宜不一定大碗！如果有兩家設計師報價，一家報了 50 萬元，一家報了 70 萬元。你選擇了 50 萬那家，表面上是省了 20 萬，結果付了 80% 之後工程完成不到一半，卻找不到人或遲遲無法交屋，損失了 40 萬，還要勞心傷神，得不償失。或是做到一半才說要追加工程款，連續追加三次，總金額變成 120 萬，遠比預算還高。

　　此外，為了避免日後有糾紛時舉證困難，所有支付的款項一定要留下金流記錄。最好是用匯款的方式，並保留匯款單。如果真的一定要用到現金，也一定要請對方親自簽收，並妥善保留收據。

狀況 4 ＞保固服務很重要，必要時主動諮詢專家！

　　雖然在裝潢完成後，會進行工程總驗收的動作，可是，很多問題都是要住進去之後才會發現。例如：淋浴間排水不良、馬桶沖水會回堵、油漆脫落、冷氣滴水……，甚至還有滲漏水等問題。只要有施工品質上的問題，都應該立即聯絡設計師和工班，由他們提供修繕、保固的服務。在驗屋時可以詢問後續保固的方式，並錄音存檔為證。

　　此外，裝潢糾紛層出不窮，最好能透過完整的合約、溝通、確認、監工等，做好事前的預防，如果還是不幸遇到了也別慌張，有些裝潢的海蟑螂就是看準了大部分的消費者都不懂工程和法律，所以將同樣的手法不斷複製在不同屋主身上，記得主動諮詢消保官和律師，必要時寄發存證信函並收集證據。

狀況 5 ＞別忘了，先做好敦親睦鄰

　　在裝潢的過程中，有一群人因為你家的工程使得生活作息被打擾，答對了！就是你的好鄰居們。

　　由於工程施工少則一個月，長則 3 個月或半年以上，時間可說是

不短。這個期間，不僅早上還沒起床時，就聽到震耳欲聾的施工噪音，午睡時間也不能休息，加上工人進進出出，梯廳等公共空間可能還會有沙塵、垃圾。所以，在裝潢工程進場前，記得先跟鄰居們打個招呼，如果是剛買的新家，最好可以買個伴手禮，順便拜訪鄰居。施工前，要在樓梯間和門口貼「裝潢通知」，告知預計施工的期間、設計師或工班的連絡電話等，如有打擾之處，方便鄰居可以直接聯繫。

此外，也要特別交代設計師與工班，週末、假日全天、與平常日的早上 8 點半前和晚上 6 點半後不要施工，或僅能進行油漆、貼壁紙等沒有噪音的工程，盡量不影響鄰居的生活作息。

以上是裝潢的注意事項，你學會了嗎？

第 6 章

雙贏的投資策略，
賺租金又賺增值！

做好市場評估，快速出租，
讓房子自己養自己！

不出租，純賺價差！
20間房子淨賺800萬！

TIP→ 老公寓一定要利用裝修和風格來提升房屋的價值。

「愛莉，我想要買一間房子整層收租等增值，有沒有推薦的區域？」朋友在 FB 上敲我訊息。

「你想要放幾年？」我回問。

「可能 2～3 年吧，也可能 5～6 年，有差嗎？」他很納悶。

「當然有差阿，知道你打算持有幾年，我才能評估哪一個區域在那幾年間有增值的空間，才能給你建議啊！」我說。

不管是自住等增值，或是哪一種投資策略，都有持有時間的考量喔！除了自住等增值外，還有 4 種常見的投資策略，下手前一定要先想好自己的策略是什麼。就讓我來為大家一一介紹囉！

我有一個前同事，家裡開傢具行，在 10～12 年前非常瘋狂地買賣房子，短短 3 年內買賣了 20 間房子，平均不到 2 個月就買賣一間，總共淨賺 800 萬元！每間房子的獲利雖然不高，量大時卻很驚人！周轉要這麼快，需要掌握以下 2 個重點：

 700 萬舊公寓沒人要，裝潢後 1080 萬成交！

很多人覺得短時間內賺取價差獲利就是炒房，可是你知道嗎？**大部分純賺價差的投資客做的事可不只是買進和賣出喔！中間他們還做**

206

了很多事，幫房子增加價值。

　　我常常覺得，人真的是很視覺的動物。我有個朋友買進一間在新北市近郊有頂加的公寓，當它破破舊舊的時候，總價 700 萬元大家還嫌貴，賣了三個月還賣不掉！他買進後花了四個月，將近 200 萬重新裝潢後，賣 1080 萬一個月就成交了。明明是同一間啊！透過設計與裝修，將一間老舊頂加公寓，改造成舒適寬敞的居家空間，處理了壁癌、漏水的問題，讓房子的質感都提升了。對我來說，這個增值，賺的就是屋主幫房子增加的「價值」。

　　看到這裡你可能會納悶：愛莉，妳不是說不要買投資客裝潢好的房子嗎？怎麼這裡說投資客有幫房子增加價值？沒錯，因為大部分的投資客都是將本求利，能花 50 萬就處理好的工程不會花 80 萬，只要能用就好。但是，還是有投資客是比較有信用的，將房子裝修的很實在，如交屋後有什麼瑕疵也都會請工班提供保固服務，協助修繕。這 2 類投資客在仲介圈中都有口碑可以探聽，只是一般人比較難判斷我們現在看的到底是哪一種投資客裝潢的房子，為了避免誤踩地雷，乾脆不要買最好。

2、30 年以上的舊公寓大都有漏水或壁癌的問題，若沒有處理好，絕對會影響價格。裝潢好之後，頓時提升好感，屋價也跟著水漲船高。

重點 2 買得夠便宜！屋主缺錢，買到賺到！

另一種不裝修也可以賺取價差獲利的方式就是：買入的價格真的很低，也就是買進被低估的房子。取得的管道包含：屋主急售、債務擔保承接（屋主欠你錢，把房子抵押給你，當債務無法償還時房子變成你的），或是法拍等途徑。對於牽扯到債權糾紛的房子通常關係人比較多，買賣和點交也比較複雜，除非有經驗豐富又值得信任的仲介或朋友可以協助，不然對於初學者來說，比較不建議喔！

重點 3 房地合一＋實際登錄，純賺價差大不易！

值得注意的是，除非你是用現金買房子，不然因為沒有租金收入可以用來支付貸款利息，如果放的時間太長，增值的空間就會被利息吃掉。此外，這幾年房價已高，加上房地合一與實價登錄上路，要在短時間內以超額高價賣出也不容易，所以最重要的還是要買得夠便宜，加上透過裝修和風格來提高房子的質感，才有機會在買賣間獲得理想的獲利。

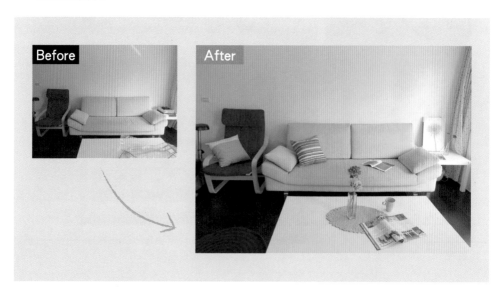

Before

After

Before

After

利用裝修和佈置技巧可以來提高房子的價值感，以上的案例是在購買中古屋裝修後，利用一些簡單的佈置小物增加質感。

整層收租，
用240萬賺200萬！

TIP→ 租客管理是關鍵，挑選好房客。用租金支付利息，等增值。

⊙ 2年投報率100%！4大關鍵讓你順利出租！

　　相較於「純賺價差」，我比較喜歡「整層收租」的投資策略。如果你想要買好資產等增值，期間可以出租支付利息和房屋稅、地價稅，2～3年後等寬限期過了再賣掉，那麼你可以考慮買新成屋或中古屋整層出租。

　　我曾和朋友合買了一間屋齡3年，位於內湖的小2房電梯大樓，當時的自備款約240萬元，每個月貸款利息約15000元，每個月收租26000元，扣掉利息和管理費後雖然剩下不到10000元，但是2年後房價增值，出售後，扣掉稅費大約賺了約200萬！當時，由於地點和物件都很好，藉由穩定收租，持續增值後出售。

　　其實「整層收租」和「純賺價差」有許多雷同之處，一樣都是維持住家的格局，沒有隔成套房，不同的是，**「純賺價差」放的時間不能太長，不然獲利會被貸款利息吃掉**，因此「隨著時間增值」的因素較低，必須買得夠便宜並以「裝潢」來提高房價。

　　而「整層收租」因為持有的期間比較長，如果可以爭取2～3年的寬限期，透過收租來支付寬限期間內的利息和稅費，等於投入的資金只有初期的自備款，是比較有把握的投資策略。

「整層收租」有幾個重要的關鍵點，要投資之前要謹慎評估：

關鍵 1　小心獲利被裝潢吃掉！

　　裝潢＝裝修＋風格，對於整層收租的物件，視屋況先評估有哪些基礎工程要進行，需要花多少預算，並多選用耐用、方便維護的建材來裝修。例如：地板如果有需要重做的話，可以選用耐磨又便宜的仿木紋塑膠地磚，看起來就像新的木地板一樣。

　　牆面可以多用油漆，比較好整修，如果真的要用到壁紙，也僅挑選幾面主牆施作壁紙。油漆比壁紙好維護，壁紙一旦有破損，要修補的漂亮不容易，如果面積太大或髒汙處太多，就只能整面全部重貼。

　　而油漆因裝潢時大多會請師傅將沒用完的油漆先用寶特瓶裝好，放到陰涼乾燥的地方，如有部分牆面髒汙，只要拿出來局部刷一刷，

整層收租，儘量使用活動家具，只要搭配得宜，一樣會讓房客覺得舒適。

不需重新調色，只要時間沒有太久，色差通常不會太大，比較好修補。

此外，「整層收租」的房子最終還是要賣給想要自住的人，為了避免你的裝潢風格他不喜歡，除非是小坪數的房子要透過量身訂做來爭取坪效和收納空間，不然，可以少做一點木櫃或系統櫃，多用活動家具來取代。不僅可以節省費用，房客入住也夠用，還幫下一個買方爭取比較高的裝潢與空間配置的彈性喔！

關鍵 2 租金一定要夠付貸款利息！

由於「整層出租」的投資策略必須以租金支付持有期間的利息與每年的房屋稅、地價稅，所以在決定購買之前最好先調查鄰近區域的租金行情。以下是調查租金行情的方式：

先查租屋網站

調查租金行情的第一步就是先到熱門的租屋網站搜尋附近待租的整層出租物件，看看租金刊登多少錢、坪數多少、格局為幾房幾廳、屋況如何、是否有提供家具、家電等配備。將目前待租的物件條件紀錄下來，可以對租金行情先有個大致的印象。

每個房間若有良好的採光，格外搶手。

實地看屋

如果你發現租屋網站有幾個鄰近物件租金不高，但是租了好一陣子都沒有租出去的，可以以租客的身分，跟屋主或仲介約看屋。有時候雖然租金很便宜或照片看起來很舒服，但一到現場看才發現格局、採光或小環境不好（如：樓梯間雜亂、附近有資源回收場、靠近宮廟等），也可以做為未來招租的參考。

詢問當地仲介

由於仲介除了售屋外，也有承接出租的業務，所以除了到租屋網站查詢租金行情外，跟當地的仲介聊聊也是一種獲得資訊的方式。你可以提供你設定的坪數、格局、屋況等條件詢問仲介，通常也會獲得一些寶貴的租屋行情資訊。

關鍵 3 ▷ 善用技巧，快速出租！

由於招租期間越長，表示空屋時間越久，沒有租金來源，無法支付貸款利息，投報率也會變低，所以如何盡快順利出租也是一門學問。提供幾個招租管道給大家參考：

仲介

由於大部分的仲介都有承作「代租」業務，可以直接委託仲介幫忙出租。如成功出租，則房東需提供 1 個月的租金，房客需提供半個月的租金做為仲介服務費。除了一般坊間的仲介，還有一些專門承作外商派遣員工的租屋仲介，通常租金會比鄰近行情高 20% ～ 40%。如果你的房子是位於市中心，屋況佳，屋齡小於 10 年的電梯大樓，不妨可以與他們連繫、委託出租。

功能齊全的小套房，擺個海報也有加分效果。

租屋網站

有幾個熱門的租屋網站，招租效果不錯，刊登廣告費用為免費或 200 元～ 600 元不等，刊登期限多為 1 個月。

代租管、物管公司

目前坊間有些物業管理公司有承作「代租」與「代管」業務，如成功出租，則房東需提供半個月的租金做為「招租服務費」，並於租賃期間每個月支付 10% 的租金做為「代管服務費」。雖然成本較高，但是房客大小事均由物管公司處理，房東不需面對房客，對房東來說，也不失為一個好選擇。也可以僅選擇「代租」不「代管」，視你的需要而定。

大樓管理員

如果你的房子有大樓管理員，可以請大樓管理員幫你留意有沒有人要租屋。如成功招租，可以包個紅包給他，也算是雙贏喔！

除了善用招租管道外，如何提高房子的租相也有技巧喔！

拍照技巧大不同

由於大部分的房客多由租屋網站查詢出租資訊，所以照片一定要拍得好才有好賣相！基本的單眼相機是必備的，如果有廣角效果就更好了。不過，照片效果不能和實際情況差太多，否則從照片看來空間非常寬敞，一到現場發現擁擠狹小，反而有反效果喔！

利用佈置清新的流行風格，
加上拍照取景角度，能增加
房客的好感度。

拍照時最好不要誤導房客，
以為房間很大，結果實際一
看，會覺得落差很大。

巧妙描述物件優點

除了好照片外，關於物件的描述也很重要喔！我常常瀏覽別人的租屋廣告，從中學習別人的巧思，卻發現很多房東都只有草草刊了幾

張照片，沒有多介紹房子與環境，難怪租了很久都租不出去，真的很可惜。其實，除了可以在文案中說明提供哪些家具、家電外，還可以多介紹社區的氛圍、學區、附近生活機能等，多一些吸引房客的資訊，讓租屋廣告更有效喔！

如何訂價

雖然大部分的租客都會殺價，但是如果一開始先刊登較高的租金好讓房客殺價，反而吸引不到房客看屋。最好的方式是刊登你實際想租的底價，如房客想要殺價，則提供「現在馬上簽約，就多送半個月或 1 個月的租期」變相降價給房客。由於房子如沒有出租成功，空著也是空著，不如將空著的時間送給房客，也能作為加速房客簽約的誘因喔！

租客管理很重要 ── 壞房客讓人睡不著！

有出租經驗的房東都知道，房客的素質對於管理成本與屋況的維護相當重要。有人說，「好房客會讓你上天堂，壞房客讓你住套房」，我說：「如果找到壞房客，你會希望自己住在那間套房，不要出租」。

我曾和朋友合資一間台北市中心的套房，裝潢佈置得很漂亮，才在網路上刊登 2 天就有人來看屋。要承租的是一位小姐，打扮清秀，說她在經紀公司工作，很喜歡這個房子，不殺價直接簽約。

雖然房客很阿莎力，但我們覺得說不上哪裡怪，有個直覺告訴我們不要租給她，但是因為租金高又可以馬上簽約，心動之下還是答應租給她了。

沒想到前 2 個月都正常，第 3 個月起開始拖欠房租，後來開始有鄰居反應房客的訪客太多，而且朋友很複雜，還會在晚上將音樂開的很大聲。如果被鄰居檢舉，她一生氣起來就拿東西砸樓下店家的花盆，連路邊的車子都遭殃。

後來我們才發現，原來她在家裡「接客」，還有吸毒的行為，神智恍惚，就算報警也是隔天就放她回家。期間透過民事訴訟、刑事訴訟，最後經過了長達 7 個月的協調並支付搬家費請她搬家，這半年多來耗費的心力絕對不是只有幾個月的租金可以計算。事後回想，早在帶看時，我們就應該相信直覺，當機立斷，不要貿然出租給她。

找到一個好房客，除了生活作息正常，不會打擾到鄰居之外，也比較會愛惜房子。許多人認為，租客的管理必須要常常與租客連繫，關心他們，**其實，除了租賃期間的客情維護外，從招租、帶看的那一刻開始，我們就在做租客管理了。與其學習如何管理好房客，不如學會如何找到一位好房客，自然就不會有後續衍生的問題。**以下是我整理出來的幾個關鍵技巧：

1. 確認房客的工作、目前居住地

為了確保房客的素質與經濟情況，帶看時一定要交換名片，了解他在現在的公司服務多久了？並詢問他從哪裡搬過來？為什麼搬家？本來的地方住多久？如果他目前待業，或從交談中了解他頻繁換工作，或之前住的地方住不久，建議不要承租給他，避免後續他房租繳不出來或要求提前解約。

2. 確認房客的居住人口

有時候居住人口不只一個人，如果房客有帶另一半或家人來看屋，可以順便觀察他們彼此互動和相處情況，也可以口頭詢問之後有哪些人要一起住。如果觀察到他們的交談常起口角，或者出入人口太過複雜，建議不要承租給他，避免入住後常常爭吵影響鄰居安寧，更甚者可能會有家暴發生。

3. 禁菸、禁寵物

雖然愛寵物是有愛心的表現，不過，由於我們無法確保每個房客

都會好好照顧、管理寵物，如果沒有好好照顧寵物，不僅房子會有寵物的氣味、家具被寵物破壞外，還有可能影響鄰居安寧，所以最好還是「禁養寵物」。至於抽菸，除了屋內有菸味外，如有不慎更有可能引起火災，所以「禁止室內抽菸」也是必要的喔！不僅帶看時要特別詢問，合約上也要註明「禁菸」、「禁寵物」，並說明如有違約，房東可以要求違約罰款，並解除契約。

4. 簽約時仔細點交室內物品

由於房東通常都會提供部分家具、家電，為了確保房客會愛惜這些配備，簽約時要一一確認室內物品明細，載明於合約中，並於退租時點交，避免退租後的糾紛。

5. 押金兩個月一定要收足

簽約時，房東大多會收取 2 個月的租金做為押金，加上第 1 個月的月租，房客必須在簽約時就提供 3 個月的租金給房東。由於金額不小，有些房客會要求只給 1 個月的租金做為押金，或是押金分成 2 個月繳。這樣的房客通常現金較不足，或是工作較不穩定，即使你給他方便，承租後也可能會有租金遲繳或積欠的現象。為了後續的管理，建議押金 2 個月一定要一次收足。

6. 簽約後保持連絡，過年過節定期關心

簽約後房東雖然不常與租客見面，但是彼此能認識且將房子出租給房客，也算是一種難得的緣分。由於大部分的租客大多是外地人，甚至可能是在台灣工作的外國人，建議在簽約後可以保持連絡，並在過年過節時送上小禮物，定期關心。現在的網路科技很方便，透過手機 APP 就可以保持連繫，不僅讓房客更愛惜你的房子，也可以多一個朋友，何樂不為？

7. 觀察細節，相信直覺

從接到房客要求帶看房子的電話開始，我們就可以觀察房客的素質與生活習慣。例如：晚上 11 點以後打電話來約看屋的人，表示他不尊重房東的休息時間；約定好時間要看屋卻遲到的人，表示他容易破壞承諾；急著看房子要搬家的人，代表他跟前房東可能處得不好，或是他容易把事情拖到最後一秒；身上明顯有菸味，知道你禁菸還說OK 的人，可能不會乖乖遵守禁菸的生活公約……，這些細節都可以觀察出房客的素質，當有這些情況發生，請相信你的直覺，因為後患無窮，不管租金再高都不要租給他喔！

除了挑選房客、管理房客外，別忘了也要求自己成為一個愛護房客、尊重房客的好房東，畢竟在完成租賃合約後，房東與房客是平等的，我們希望房客住在房子裡能感受到家的氛圍，也能好好愛惜房子。這樣的雙贏才是最美好的，不是嗎？

買 房 關 鍵 問

Q 請問簽約時，用書局賣的租賃合約範本OK嗎？

OK的，不過，記得要自己多做一張家具家電的點交清單，並在後面註明如因非正常的使用導致損壞，退租時要賠償。每一個品項的賠償價格可以直接列在點交欄的後面，不僅對房東比較明確，也能保障房客以免房東獅子大開口，要了一個天價，不還押金。如果在正常使用下家電還是故障，可以使用保固服務，請家電廠商來維修就好。

另外，簽約的欄位上最好新增聯絡人、和房客工作的單位名稱、電話、方便日後聯絡。

策略 3

隔套收租，月賺租金3萬，
再賺價差200萬！

TIP→隔套收租利潤高，但風險也高，一定要先做市場評估。

⊙ 8 個眉角讓房子自己養自己！

「隔套收租」可以說是我接觸房地產之初，最吸引我的投資策略了。如果你的自備款足夠，想要每個月都有至少 2 萬元～ 4 萬元以上的被動收入，出租期間除了支付利息、房屋稅、地價稅外，還有多的現金流，可長期收租或賣給想當現成包租公、包租婆的人，那麼買中古屋隔套出租或買現成已隔好的套房，是個不錯的投資策略。

我的第一間隔套收租屋，每月扣掉利息後的租金淨收入有 3 萬元多，讓媽媽順利退休，3 年後賣掉還賺了 200 萬元，算是漂亮出場！有些隔套收租的房子土地持份高，地點好，因為租金穩定，還可以長期收租等都更，是個進可攻、退可守的投資策略。

「隔套收租」最被人詬病的，是房子結構上的安全。的確，比起前面幾種策略，隔套收租的確複雜多了。不僅要有經驗豐富、值得信賴的工班，最好還要申請「室內裝修許可」，針對載重、逃生動線、採光、消防做法規檢討，完工後辦理「竣工合格證」，確保裝修安全。

此外，隔套收租雖然可以帶來漂亮的現金流，不過，如果隔好後租不出去，或租不到想要的價格，也是枉然。而且，隔套收租面對的房客遠比單純的整層收租多，租客的管理更需要花心思。

我將「隔套收租」整理出 8 個眉角，想當包租公、包租婆的你，可要看仔細了！

眉角 1 租金要夠付房貸每月攤還的本金和利息

由於「隔套收租」初期要出的自備款比較高，除了買房子的頭期款、稅費外，還有裝潢、家具、家電的成本，所以，**如果租金可以為你帶來的現金流不夠高，就失去了「隔套收租」的意義。**

一般來說，「隔套收租」每月的租金除了要能支付貸款利息外，最好還夠付每月攤還的本金。舉例來說，假設房子總價 800 萬，貸款 8 成，貸款期間 20 年，利息 1.7%，2 年寬限期。以「本息平均攤還法」計算貸款，寬限期限內每月要繳 9067 元，2 年寬限期後每月要繳 34415 元。如果「隔套收租」每個月至少可以收租 35000 元以上，那麼寬限期內可以拉高現金流，就算寬限期過了不想延長寬限期，也可以做到「讓房子自己養自己」，由租金直接支付每月本息攤還的貸款金額，等出售時由下一手屋主幫你償還剩餘的貸款，你便能拿回你已經支付的本金多加獲利，假如有改建效益，也可以長期收租等改建。

眉角 2 想做套房出租，先做市場評估

雖然租金現金流高，但最怕的莫過於隔好之後租不到理想的價格，甚至租不出去。由於「隔套收租」將房子的格局和管線全部都變更了，如果隔好後發現租金太低或租不出去，想要改成一般住家格局做「整層出租」或當成住家出售，成本將會提高非常多，所以事前的評估非常重要。

這幾年由於隔套收租盛行，有些區域的套房供給已大於需求，所以在進場前，一定要調查你搜尋的區域裡，待租的套房數量多不多。如果待租的套房數量很多，最好謹慎評估租屋市場，才不會發生隔好

後，發現租金太低或租不出去的窘境喔！

　　隔套收租最理想的租客對象就是上班族，不僅收入穩定，租金預算也比學生高，所以如果物件鄰近公司行號聚集的園區、政府機關或醫院，比較有穩定的租客。此外，也要注意小環境和生活機能，讓房客住起來便利又舒適。

⟨買⟩⟨房⟩⟨關⟩⟨鍵⟩⟨問⟩

Q 如果附近沒有園區，但有學校，適合買來租給學生嗎？

　　學生的確也是一個穩定的租客來源，不過需要留意的是學生的租金預算較低，且因為學生留在房間裡的時間比較長，家具家電耗損率較高，如你有興趣針對學生市場招租，可以先以租客身分參觀幾間目前有在招租的套房，研究一下租金行情、提供的配備、是否好租、空屋情況等，再評估是否投入喔！此外，有越來越多的私立大專院校招生困難，如果你有興趣的區域鄰近這樣的大專院校，最好還是多多考慮。

⟨眉角 3⟩ **留意建築法規，小心房子被報拆！**

　　由於建築法規越來越嚴格，使得隔套收租越來越不好做。目前台北市已於 2011 年 4 月法規修正，住宅若新增 2 個以上的衛浴設備（疑似隔套收租）需樓下住戶同意並簽署同意書，才能申請室內裝修，否則即報即拆，要求恢復原狀，2011 年 4 月前已經隔好的不在此限。新北市也在 2019 年 1 月 1 日跟進，使得申請門檻越來越高。

　　至於其他縣市，則需要申請「室內裝修許可」，由設計師提供平面圖等資料後，由建築師實地勘查現場，確定其施工不會對結構安全造成不良影響，將其報告連同相關資料送交建管處，取得「室內裝修許可」才可以施工，完工後申請合格證，雖然費用會增加 8 萬元～ 20 萬元不等，但是總比裝修到一半被報拆，多浪費的工程款和時間划算，

建議一定要申請喔！

此外，許多電梯大樓甚至公寓社區都有設置管理委員會，不僅每個月的管理費較高，當你要裝潢時，還需要另外向管委會申請報備，如鄰居發現你是隔套收租，甚至還會請管委會出面協調要求拆除。所以，如果是有管委會的社區，就盡量不要考慮做隔套收租喔！

眉角 4 邊間、格局方正超好隔，創造高坪數效用！

一般的公寓通常都有前後兩面採光，而邊間的房子最棒的就是除了前後採光外，還有側邊採光，共有三面採光。如果格局方正，就很輕易能規劃出每一間通風、採光條件都很好的套房隔間，且空間可以充分利用，創造高坪效。

雖然採光面越大越好，不過，如果車流量太大，甚至鄰近高架橋或高速公路，就算隔音窗做得再好，還是難免有噪音干擾，且房客為避免噪音大多不敢開窗，也失去了對外窗通風的好條件。在過去沒有都更和危老改建題材前，**一般來說，以離大馬路近的第一排靜巷最佳，離塵不離城，走路 2、3 分鐘就到生活機能便利的大馬路，平常又不會吵，最適合自住和出租**。

不過，現在有了都更和危老改建的考量，由於鄰近馬路的寬度會影響改建的容積率獎勵，所以，大馬路上的物件只要車流量不會太大，還是可以考慮。

除了原始格局外，套房隔間的格局規劃也很重要，包含：家具的擺設位置與動線、要放雙人床還是單人床？有沒有沙發？每間房間有沒有獨立洗衣機？獨立小廚房？有沒有保留獨立陽台？進門之後空間是否感覺開闊寬敞？是否有對外窗？有沒有空間晾曬衣服？種種格局規劃，影響套房出租的賣相甚為深遠。為了讓大家更有概念，可參考以下範例，比較原始格局和新格局的差異，並參考坪數和格局安排的說明。

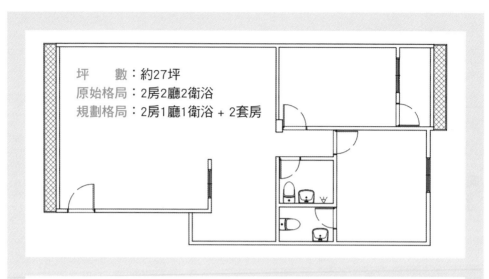

坪　　　數：約27坪
原始格局：2房2廳2衛浴
規劃格局：2房1廳1衛浴 + 2套房

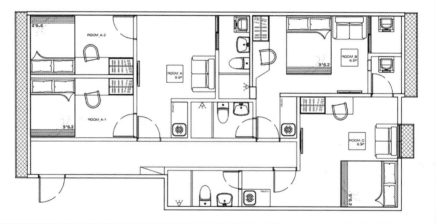

上圖為原始平面圖，下圖為規劃後的隔間圖，規劃為一個2房1廳1衛浴，和2間套房，共3個獨立單元收租。

除了維持每間房間都有採光外，每間房間都有完整傢具家電、獨立洗衣機、簡易系統廚具，並將浴廁盡可能靠近原來浴廁的管道間，以輕質混凝土墊高浴室，注意洩水坡度，縮短管線距離，除了符合法規中載重的規定外，更可降低管路堵塞的機率。

　　規劃格局時除了要考慮通風、採光外，家具、家電的擺放與動線也影響空間感和使用性甚大。謹慎起見，最好先預留好每個家具、家電擺放的位置，將管線位置都規劃好。

　　例如：放洗衣機的地方要留排水孔並裝水龍頭、放書桌或茶几的地方通常會上網，要預留網路孔、放電視的地方要留第四台的線路孔、放冰箱的地方要有插座……等，事先預留好空間，並設想動線，才不會之後要修改很麻煩。

　　由於套房的空間較小，因此家具、家電最好能兼顧收納的功能或輕薄短小。例如：電視選擇壁掛，不用再多放一個電視櫃、衣櫃最好門內附有全身的穿衣鏡、床架選擇掀床，可以收納棉被和換季衣物、沙發和茶几也可以選擇體積較小的設計，節省空間。

　　如果房間不大，但想提供獨立廚房，可以善用冰箱上面的空間，做一個櫃子，內嵌電磁爐，並設計托盤，可當料理檯面，節省空間又方便。

簡易的廚具是房客的最愛。

每間套房最好有獨立洗衣機。

水電管線很重要，千萬不能省錢！

由於隔套收租居住的人口較多，用電量也較大，尤其夏天幾乎每一間套房都會使用冷氣，如果又有電磁爐或除濕機，則有可能會跳電、甚至有電線走火的風險。除了在電纜及電線的挑選上不要使用便宜或過細的線路，避免過熱跳電或走火之外，也要符合室內裝修法規在電力負載部分的規定。

隔套收租的迴路配置，非常重要。

此外，由於隔套收租將整層樓隔間為多間套房，每間套房都有獨立浴廁，必須透過空氣壓力管與管線坡度的設計，讓每一間的水管、糞管集中到一處，再一起排到汙水池和化糞池裡。這也是為什麼一般隔間套房部分地板需要墊高 15 ～ 30 公分才能設計坡度。

如果使用便宜的材料，導致塑膠水管、糞管破裂或鐵製套管生鏽，可能會滲水，滲出的汙水在樓地板間滲延，久了就有漏水的現象，必須敲掉地板才能檢查破損處，不可不慎。如果坡度不夠、或沒多留空氣壓力管，

隔間套房常藉由部分地板墊高來設計坡度，以利水管、糞管排水。

則廁所馬桶沖水時可能無法順利排水，輕則有回堵現象，重則造成糞管堵塞，因此需要有隔套裝潢經驗的水電師傅施作比較安全。

Q 如果我希望地板不要墊高太多，改將樓地板往下挖，把管道藏在樓地板裡面，這樣可以嗎？

由於樓地板厚度一般多為12～15公分，這樣可以減少墊高的高度，避免天花板的壓迫感；不過如果施工品質不好，很容易傷到樓地板的鋼筋結構，影響結構安全，一定要謹慎！

眉角 6 每間套房編列 5 千元裝潢預算，提早租出去！

還記得「裝潢」＝「裝修」＋「風格」嗎？對「隔套收租」來說，「風格」就是佈置了。除了壁紙、天花板、地板色系的選擇，和家具、家電的挑選與擺設外，還有許多佈置小撇步可以創造空間大魔術。以下是套房佈置的技巧：

色系選擇和風格設定先定調

隨著套房越來越多，套房佈置和廣告刊登越來越競爭。許多房東和代租管業者學起了網拍服飾的行銷方法，幫自己的套房廣告標題取了一系列的形容詞，如：幸福可可、桔香元爵、清甜萊姆、禪意日宅、南法莊園、玫瑰香氣、地中海陽光……等，並以佈置來襯出溫暖、清新的風格。由於牆面油漆、壁紙、窗簾、床單、沙發佔了套房視覺的絕大面積，因此要先決定每間房間的色系再來挑選壁紙、窗簾、家具、家電、飾品等，才能搭配得好。

精心挑選佈置小物，為空間創造不同氛圍

地毯、蠟燭、相框、掛畫、抱枕、盆栽……精心挑選色系與風格一致的佈置小物總是能為空間創造嶄新的面貌。

下面的照片是同一間房間佈置前後的比較，賣相是不是完全不同了呢？

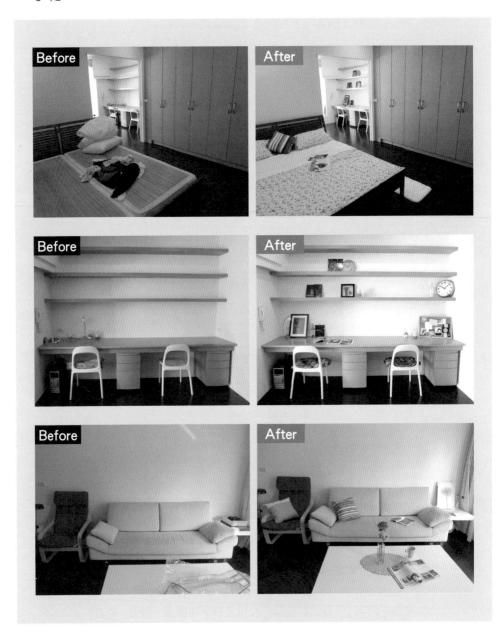

適度放上生活用品，讓房客想馬上搬進去住

如果你曾經住過飯店或民宿，一進房後第一個讓你最想坐下甚至躺下的，應該是大大的床吧！看見那蓬鬆的棉被和枕頭，感覺就很舒服。如果浴廁的化妝鏡台上再放歐舒丹的旅行沐浴組，在架子上擺上飯店必備的大毛巾，在茶几上放上水瓶和馬克杯，往往會讓房客一眼就想馬上搬進去住！

放上有品牌的沐浴用品，容易擄獲房客的心。

其實佈置的祕訣沒別的，就是塑造空間溫暖、清新、舒適的氛圍。只要能讓房客一進門就喜歡，承租意願馬上大幅提高。你也開始心癢癢，想幫自己的套房佈置了嗎？

眉角 7 ▶ 成敗都在房客管理！

由於「隔套收租」將整層住家改成少則 2 間套房，多則 6～8 間以上的套房，每間套房如果都住一對情侶，可能就要面對 16 個房客，使得租客管理更顯得重要。**除了篩選房客外，門禁磁卡和攝影機對租客管理也很有幫助。**

由於隔套收租的出入人口較雜，門禁磁卡和攝影機除了對房客居住安全有加分外，心懷不軌的房客通常也不會承租（怕罪行被錄下），所以也幫房東過濾掉不優質的房客喔！

此外，收租最害怕的就是不繳錢的房客，如果房客不繳房租就要換鑰匙，也挺麻煩的，有了門禁系統，只要換門禁號碼房客就進不來，再進行催繳或請他搬家會比較方便。

由於「隔套收租」要面對的房客比較多，對於剛開始想當包租公、包租婆的人，可能無法想像親自招租、帶看、議價、簽約、管理、租金、對帳、抄電錶等工作有多繁瑣。所以，在計畫隔套收租之前，最好先規劃一下自己的時間安排，評估是要自己招租、管理或是要找物管公司代租、代管？如果是後者，則記得將代租、代管的服務費納入費用的計算中，以免高估淨租金收入喔！

眉角 8 ─ 先算好如何出場再考慮進場！

所有的投資都要先預想好出場策略，即使是想要長期收租的隔套收租物件也是喔！隔好套房的物件，最適合賣給想當現成包租公的人。可是，問題來了：要如何決定出售的價格呢？

由於「隔套收租」每一坪的單價會比一般住家高，所以如何決定售價則成了一門學問，除了研究鄰近的成交行情外，還有其他因素需要一併考量。以下是決定出售價格的方法：

「總價之租金投資報酬率」要具有吸引力

所謂「租金投資報酬率」指的就是租金佔總價的比例。例如：總價 1000 萬元的房子（已隔套完成）一年如可收租 60 萬元，則其「租金投資報酬率」等於 6%，比起將這 1000 萬元拿去銀行定存的 1% 利息多高上 5 倍。

一般來說，房價越高的地方租金投資報酬率越低。

目前台北市「總價之租金報酬率」約為 3% ～ 4%，新北市「總價之租金報酬率」約為 5% ～ 6%，台中或高雄市區還有 8% ～ 10% 以上。用年租金回推要給下一手房東的「總價之租金報酬率」，即可得出預計的出售價格。例如：剛剛那間總價 1000 萬元的房子，如果收租 3 年之後決定出售，如果屆時市場上可接受的租金投報率為 5%，可出售的總價＝ 60 萬 ÷ 5% ＝ 1200 萬，等於賺了 3 年的租金外，出

售時還有近 200 萬元的資本利得。

　　所以不管是要找公寓自己隔套，還是買現成已經隔好套房的，建議你的「總價之租金報酬率」最好高於上面的數字，而且總價也不要拉得太高，這樣未來出售時才有空間留給下一個屋主喔！

不要輕易調降租金

每間套房的月租金影響售價和投資報酬率甚大，如果輕易調降租金500元～1000元，不僅一年租金降低6000元～12000元，也因為總價之租金投資報酬率降低，出售時回推換算合理出售價格也會降低。所以，如遇到房客想要殺價，最好提供「今天下訂或簽約，就多送半個月或1個月的租期」變相降價給房客，不要輕易調降租金。

愛莉貼心提醒

每坪的單價不要超出區域行情高標 40%

　　雖然「隔套收租」因為有租金效益，每一坪的單價會比一般住家高，不過，最好也不要超出區域行情高標 40%，否則就算租金很穩定，租金投報率也很吸引人，但買方可以選擇用比較低的價格買還沒隔好的物件，自己隔套就好，不一定要買你已經隔好的物件。

　　以上述的案例為例，如果建物權狀坪數為 30 坪，鄰近區域還沒有隔好套房的物件成交行情約 30 ～ 33 萬 / 坪，高標即為 33 萬 / 坪。我們以預計的出售價格 1200 萬元回推每坪售價，並跟鄰近區域成交行情比較：

$$\text{每坪預計出售價格} = \frac{1200\ \text{萬}}{30\ \text{坪}} = 40\ \text{萬/坪}$$

$$\text{每坪預計出售價格與區域行情高標比較} = \frac{40\ \text{萬/坪}}{33\ \text{萬/坪}} = 1.21\ \text{倍}$$

由於每坪的單價沒有超出區域行情高標 40%（即 1.4 倍），所以這個價格還算在合理範圍。如果上面算出的數值大於 1.4 倍，則最好降低預計的出售價格，使單價具有競爭力，租金投資報酬率也會因此提高，增加吸引力。

雖然隔套收租主要考量租金投資報酬率，但是，物件是否具備未來的增值潛力也很重要。例如：附近有沒有便捷的大眾交通工具（如：捷運），因為交通方便的地方，未來房價比較有支撐，成功出售的機率也比較高喔！

是否有都更等特殊增值題材

有些物件因為地點很好，公寓的土地持份高，屋齡超過 30 年，符合都更容積率獎勵或危老條例，如果容積率高，那麼就算租金投報率不高，仍然有機會可以賣到好價格。雖然都更整合不易，不過，在都會區土地越來越少的情況下，加上房子屋齡越來越舊，都更或改建仍是必經的過程。

以剛剛的例子為例，如果有改建題材，就算鄰近無改建題材的公寓成交行情只有 30 ～ 33 萬 / 坪，而鄰近的新建案行情為 65 萬 / 坪，那麼，在改建題材下，就算要賣每坪接近 50 萬元都有機會，因為改建的效益可期，而等改建的這段時間，剛好可以用租金支付每月的本金和利息，讓房子自己養自己，是許多置產族的最愛。

供給與需求

房地產的價格和其他商品、服務一樣，都是由需求和供給決定的。當同類型的物件供給量大，而需求量小，價格自然賣不高，反之亦然。由於目前建築法規越來越嚴格，合法隔套的門檻越來越高，使得黃金地段的隔套收租物件僧多粥少，價格自然水漲船高。

其他因素

影響房價的原因很多，包含目前房市的動態大多看漲還是看跌、市場游資多不多、貸款好不好貸、貸款利息高低、相關法規的修正都需要納入售價的考慮因素裡。

由於「隔套收租」收租穩定，多持有幾年再出售也可以，不一定要急著賣。如果物件的條件很好，只是因為大環境不好，不妨再多收租幾年，如有資金需求，也可以考慮「增貸」，等大環境好轉再出售。

「隔套收租」是我很喜歡的投資方式之一，不過，必須要提醒大家，由於隔套收租的租金高而且收益相對穩定，有越來越多人投入「隔套收租」行列，目前在許多區域「隔套收租」的供給越來越高，導致空屋增加，滿租前的招租時間也拉長。此外，各縣市政府對於「室內裝修」的法規越來越嚴格，而且鄰居大多認為「隔套收租」會使出入變複雜、擔心影響建物的結構安全，尤其許多縣市都有「1999」便民專線，真的很方便，一旦有人發現你的房子隔成套房要收租，常常會檢舉，使得「隔套收租」的風險和成本增加，對於初學者來說，最好多跟有經驗的朋友討論、請教，不要貿然投入喔！

隔套出租的房子，因租金來源穩定，是進可攻、退可守的投資策略。

Q 什麼是「增貸」?

「增貸」通常和銀行的估價有關。例如:銀行評估你的房子可貸金額為200萬元,你目前貸款剩餘100萬元,而你需要50萬資金運用,你可以向銀行貸款100萬房貸,這就是「增貸」。在房價成長時,或是如果你買的價格很便宜,遠低於銀行的估價,就算你使用寬限期,沒有攤還本金,隨著它增值,可貸金額可能會提高,也使得有「增貸」的空間。

Q 「危老」和「都更」改建有哪些差異?

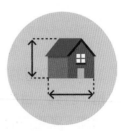

「危老」的全名是「都市危險及老舊建築物加速重建條例」簡稱「危老條例」,在2017年5月10日通過,基本上有三個大原則:

・重建範圍內需取得100%同意

・屋齡30年以上

・無耐震設計或無升降梯設備

符合上面條件並提出申請的專案,政府提供法定容積最高＋30%或既有容積＋15%的「容積獎勵」。如在2020年5月9日前提出申請,還有額外10%的時程獎勵。

「危老」和「都更」有幾個最大的差別:

1. 沒有最小面積的限制

2. 劃定範圍內需100%同意

3. 由重建委員會自辦,全體住戶協議發包

4. 專案信託帳戶,費用透明,如無建商角色,則可全數分回原住戶

5. 執行時程較短,不同於「都更」通常需要3～5年以上,「危老」在申請後3～6個月內可核發建照。

在「危老」條例上路後,的確加速了改建的速度。不過,不管是「都更」或「危老」,「整合」仍然是改建前最大的工程,只是透明的制度大幅降低了住戶間互相猜疑的空間,也提高了成功改建的機率。

策略 4

3個祕訣
讓你的預售屋獲利出場！

TIP→ 預售屋最好賣的時間點是：交屋前3個月到半年。

祕訣 1 掌握預售屋銷售管道，讓你的房子被看到！

　　如果你目前自備款不夠總價的 2 成，但想買好資產等增值，目前工作收入穩定，但想強迫自己儲蓄，那麼預售屋是很適合你的投資策略。購買預售屋的關鍵我們已經學會，也已經知道如何破解廣告迷思，可是，如果預售屋還沒蓋好，想在交屋前就換約出售，要如何賣呢？

　　每次在課堂上問這個問題，大家最常回答的就是：「仲介」。猜猜看，一般仲介擅不擅長賣預售屋？答案是：「不擅長」。

　　因為預售屋還沒交屋，對於擅長帶看成屋的仲介來說，沒有辦法讓客戶眼見為憑，也沒有接待中心的樣品屋和美輪美奐的文宣可以介紹，銷售力道自然比較小。那麼還有哪些管道呢？對我來說，最好的銷售管道是「代銷」，因為他們是最了解這個建案的人，手上也有豐富的資料可以給客戶參考，成交率較高。

　　聽到這裡你可能會問：「可是我想賣的時候，接待中心通常已經撤掉了，我要如何找代銷幫我賣呢？」是的，大部分的建案的確在預售完銷後就會將接待中心撤掉，不過，如果該建商在那個區域還有其他案子即將推案（很多重劃區都有這樣的例子），那麼接待中心就會繼續留著賣其他案子喔！

尚未交屋的預售屋，可以考慮由代銷中心或者自己在網站刊登房屋廣告販售。

　　不過，即使接待中心還在，也並非所有的代銷都可以幫你銷售，因為代銷受建商的委託，必須先推薦目前正在賣的建案，不能介紹已購客戶的轉賣戶。所以，最好的情況是目前建商正在賣的建案裡沒有你想銷售的坪數、樓層或面向，加上客戶的需求很明確，他們就可以優先推薦你的戶別，給客戶參考。如客戶可以接受，則可以直接約時間到建商公司進行換約。

　　不管是透過代銷或仲介，通常服務費和成屋相同（買方 1～2%、賣方 2～4%）。如果想節省仲介服務費，也可以考慮自己在網站上刊登售屋廣告，如有買方有興趣，再約時間介紹。

秘訣 2 > 怎麼買，就怎麼賣！文宣想好，打鐵要趁熱！

　　「哇！自己刊登廣告自己賣喔？我怎麼知道要怎麼介紹呢？」

　　呵！很簡單：「怎麼買的，就怎麼賣囉！」什麼意思呢？還記得當初讓你興沖沖買下這間預售屋的理由嗎？一個一個條列出來吧！關於它的環境、格局、建材等等，舉凡讓你心動的所有因素，簡潔卻又一條不漏地推薦給在電腦前瀏覽你物件廣告的人。

　　不過，因為人的記憶有限，如果等到要賣時才開始寫，可能會發

現忘得差不多了，所以打鐵要趁熱，最好在簽約後就先把到時候要出售的文案先擬好，才不會手忙腳亂！

此外，由於預售屋銷售不易，尤其在房地產買氣低迷時，除非是指名度較高的建案，不然，**以一般小規模的預售屋建案來說，通常比較好賣的時間點是交屋前 3 個月到半年**。因為預售屋建案在動工時，一般人看到鷹架醜醜的，一點興趣也沒有，等到結構完成，鷹架一落，才開始詢問仲介或上網查詢看這個預售屋有沒有人要賣。如要銷售的話，可以把握這一段時間喔！

祕訣 3 ▷ 不透露自己的成本，換約時再揭曉

我們教了很多預售屋買方跟代銷、建商的議價技巧，如果你要賣預售屋，需要的議價技巧又不太一樣了。由於預售屋換約時，買方通常會知道你原始合約的成本，所以有些買方會直接詢問你的成本，記得不要透露喔！只要提供給客戶換時他需要準備的金額（你已經繳給建商的款項和價差的總和），以及未來還要繳給建商的款項即可，讓他先評估資金需求，至於原始合約的購買成本，就讓換約當天再揭曉吧！

以上是 4 種投資策略的眉角，你學會了嗎？由於房地產金額龐大，加上每個個案都可能有特殊情況，建議大家在實際進場投資前最好多請教有經驗的朋友，如果有人隨時可以問就更好囉！

7

房貸大學問，
省下百萬利息差很大！

每個人的收入和需求不同，
花點時間找出適合自己的房貸吧！

先估貸款再出價，
貸款不高表示你買太貴！

TIP→銀行核定的貸款成數，往往表示這房子的真正價值。

⊙ 我的祕訣──先請銀行估貸款成數

大部分的人都知道銀行房貸的成數和利息條件很重要，也知道可以談，但是，你知道在你簽約確定購買之前，就可以請銀行先估價給你參考，並詢問貸款條件嗎？

由於銀行的貸款成數是由「實際成交價」與「銀行鑑價結果」兩者取其低者，再依區域、貸款人條件來核定貸款成數和利息，所以「銀行鑑價」對貸款條件很重要。例如：A 房實際成交價為 1000 萬元，銀行鑑價結果只有 900 萬元，核貸成數為 8 成，則可貸金額為：900 萬 ×80% ＝ 720 萬，只有相當於實際成交價的 7 成左右。是不是差很多呢？

當你對一個物件有興趣，想進一步議價前，就可以先跟銀行初步詢問貸款條件。**通常銀行對房地產估價相對較保守，如果你詢問的幾家銀行對該物件的估價都很高，那麼只要你能買在其估價內的價格，就不怕買貴。**

大多的銀行都有自己的成交行情系統，會將其核貸房貸的每一戶實際成交價輸入資料庫，做為實際成交行情的參考。雖然早期房仲就有公開成交行情可參考，現在更有實價登錄系統可以使用，但有些銀

行鑑價還是以自家的資料庫為基礎。

由於每間房子的狀況不一，屋況、甚至形狀、附近有無嫌惡設施、是否疑似海砂屋、輻射屋等，都會影響鑑價結果（由於同一個社區或連在一起的房子通常都是由同一個營建公司一起蓋的，如果其中某間在銀行的資料庫中標示為海砂屋、輻射屋，則其他間要貸款時銀行就會因疑似海砂屋、輻射屋而影響鑑價金額）。

銀行鑑價人員會先以資料庫中查到的行情取一均價區間，然後參考物件條件和實地勘查來做加減分。例如：資料庫中的行情均價區間為 32～35 萬／坪，實地勘查發現屋況和其他條件都很好，鑑價人員的鑑價報告就會以 35 萬／坪為準，如果該筆的合約成交價為 35.5 萬，鑑價人員可能會接受，因為物件條件很好，且離均價行情區間不遠。如果該筆合約成交價為 40 萬，則鑑價人員會就其所能估到的最高價，也許是 36 萬／坪，提供給核貸人員參考。

➔ 標準話術、準備資料請銀行幫你估價

房地產的鑑價雖需要實地勘查才能做，但由於實地鑑價需要的人力成本較高，加上實地鑑價也是基於銀行的行情資料庫去作加減分，所以在確定你的申貸意願之前，銀行都會先以地址查詢行情資料庫，並參考謄本上的坪數、屋齡、樓層等先初步估價。

以下是請銀行房貸業務初步估價須提供的資訊：

物件資料

包含地址、建物坪數、土地持分坪數、屋齡、類型（如：無電梯公寓、電梯大樓、透天、店面等）等。

物件謄本

謄本除了可以幫大家獲得許多寶貴的資訊外，對於銀行估價也很

重要。由於銀行專員業務繁忙，為了加快他們幫忙估價的速度，最好直接調好謄本，把謄本和詳細的坪數資訊提供給你想要詢貸款的銀行房貸人員。

貸款人收入、信用等條件

由於房貸條件除了物件鑑價外，最重要的不外乎是貸款人的收入、信用條件。包含：年收入、在哪一家公司上班、有無其他貸款、名下有沒有房子、如果有，是否還有房貸？名下有沒有其他貸款？信用紀錄是否都正常？這些都會影響貸款條件。

收入穩定有助提高貸款成數

有些人在千大公司上班，且年資在1年以上，或是在公家單位、醫院、學校等，對許多銀行來說是很優質的客戶，銀行會願意提高較好的成數和利息條件。

愛莉 貼心提醒

實際成交資訊

由於大多數的銀行的貸款成數是由「實際成交價」與「銀行鑑價結果」取其低者，所以銀行還是會參考該筆物件的實際成交資訊。如果你已經簽約，可以提供合約價格給銀行參考，如果還沒有簽約，可以告知有可能成交的價格供其參考。

通常我詢估價大多會先打電話跟 3 ～ 5 家銀行的窗口聊聊後，再發 Email 或簡訊提供詳細資料。下面就是我常用的內容格式，只要填入你的情況就可以詢估價了，是不是很簡單呢？

＿＿＿＿＿＿＿先生（＿＿＿＿小姐）您好，有個貸款想請您評估：
＿＿＿＿（縣）市＿＿＿＿（鄉／鎮）區＿＿＿＿路（街）＿＿＿巷＿＿
弄＿＿號＿＿樓（註明是無電梯公寓或電梯大樓或透天）權狀＿＿＿
坪（如有加蓋再加註），另有＿＿＿＿＿＿（例如：頂樓加蓋、外推、
夾層等）＿＿＿＿坪，原始屋況簡易裝潢（或有裝潢）。這幾天會
議價，預估成交總價為＿＿＿＿萬（如有仲介再加註哪一家），仲
介是＿＿＿＿＿＿＿（信義、永慶、住商、中信……等業者），貸款人
在＿＿＿＿＿＿上班（如是千大企業或上市櫃公司另外再加註），年收
入約＿＿＿萬，名下沒有其他貸款，想要貸款＿＿成（如需要申請
寬限期），寬限＿＿年，請問估價估不估的到？條件大約如何？
謝謝。

➔ 聯徵資料很寶貴，不要輕易授權銀行調閱

詢完估價後，如果銀行的估價和你心目中的目標價差不多，甚至
還比較高的話，就可以放心議價囉！確認成交後，除了仲介和代書會
協助詢問貸款銀行外，你也可以針對之前回覆條件較好的幾家銀行自
行詢問，並重新提供以下資料供銀行評估：

收入資料

最近 6 個月的薪轉存摺封面和內頁（須先補登存摺）或是去年的扣
繳憑單（如在 5 月已報稅，也可以提供報稅所得清單）。

財力證明

最近 1 年常往來的銀行存摺封面和內頁（須先補登存摺，由於銀行主要
要看存摺餘額，並確認不是為了貸款臨時存進去的，所以可以提供餘額較多且往來 3 個

月以上的 1～2 家銀行存摺影本）、定存證明、股票和基金明細（可以用網路銀行列印股票和基金的持股明細給銀行參考，雖然因股價波動較大，銀行通常不認列資產，但仍有加分作用）、保險合約影本等，確認你有存款和可供變現的投資，讓銀行提高你的還款能力額度。

買賣資料

　　買賣合約影本、買賣合約價金流程，如匯款單和支票影本，證明買賣確實存在。

　　如果有提供保證人，則除了上述文件外，還需要提供保證人的收入資料、財力證明給銀行。

　　除了貸款人和保證人提供的資料外，為了調查每個人的信用資訊，各個金融行庫和金融聯合徵信中心串連（簡稱「聯徵」），每個人的貸款金額、每一張信用卡的未付款金額、是否有當保證人、最近 1 年是否有逾期繳款紀錄、最近 12 個月有無預借現金、有無被任何銀行拒絕往來……等資訊都可以在聯徵中心查詢到。基於個人資料隱私，金融行庫如要調閱你的聯徵資訊，需要取得你的同意。

銀行在鑑價時，會參考同區房子的價格，也會實地勘查屋況。

記得！在還沒有確定要貸哪一家前，先不要填貸款申請書，或至少不要提供貸款人的身分證影本或授權銀行調聯徵喔！

因為聯徵報告也會顯示最近 3 個月的「被查詢紀錄」，如果最近 3 個月被密集的調閱聯徵記錄，表示你有貸款的需求，但是可能收入信用條件不佳，其他家銀行提供的貸款條件都不好，所以才會密集的詢問其他家銀行，所以在聯徵記錄中「被查詢紀錄」最好越少越好。可以先初步比較各家銀行給的估價和貸款條件，等確定要申請貸款時，再授權其中條件比較好的 1～2 家填貸款申請書，並授權其調聯徵即可。

⊙ 誤踩地雷，貸款成數少兩成，利息調升 1%！

確認申請貸款後，補上貸款申請書、個人身分證影本、收入資料、財力證明、合約影本就完成申請囉！收到你的申請資料後，銀行會開始進行以下的步驟：

資料審核與調閱聯合徵信

針對你提供的文件銀行將進行審閱，並調閱聯合徵信，審核你的信用條件。

實際鑑價

銀行的鑑價人員或業務將實地勘查物件，請仲介或屋主協助帶看，基於屋況、銀行的行情資料庫和該筆買賣的實際成交價格去作加減分，得出鑑價報告。

確認核貸金額、利息條件，並與貸款人和保人照會

核貸人員將參考貸款人提供的收入、財力證明、聯徵資料和鑑價報告得出貸款條件，包含：核貸金額、貸款年數、利息、是否提供寬

限期等，並回報給你。如確定要貸款，銀行照會人員會約定時間打電話與貸款人和保證人照會，確認有此貸款申請。照會的目的是為了確認是貸款人和保證人本人，所以照會時會詢問物件地址、樓層、坪數、買賣金額、房屋使用用途、貸款金額、頭期款金額和支付時間等。此外，為了確認你有在上班，有償款能力，照會人員通常會打公司電話給你進行照會，避免貸款人已經離職。

　　由於目前央行仍在打房，銀行對於投資客的貸款條件通常不會太好，銀行通常會在照會時試探了解你是自住還是投資。我有一個朋友他名下已有一間房子 A，目前戶籍是在爸媽家 B，他和老婆剛買了一間房子 C，打算將 C 登記在老婆名下，申請 8 成的貸款，由他當老婆的保證人。資料審核、鑑價都沒有問題，到了最後一關，銀行照會時問他：

　　「你目前是住在 A 房子還是 B 房子？」
　　他回答：「B 房子」，
　　「那 A 房子現在作什麼用途？」
　　他誠實地回答：「租給別人」。

　　雖然他強調 C 房子是為了自住，但銀行還是認定他是投資客，最後貸款只核貸 6 成，利率調整為 2.45%，取消寬限期！
　　他匆匆忙忙送了第二家銀行，這一次照會他回答他目前住在 A，因為戶籍一直沒去遷所以還是在爸媽家 B，他和老婆買 C 是為了換屋，搬家後 A 房子會賣掉。
　　這一次，這家銀行核貸 8 成，利率 1.6%，寬限期 2 年！照會上的失誤竟然讓貸款成數少兩成，利息調升將近 1%！照會前一定要沙盤推演一次！如果照會時怕銀行問太多，可以委婉地說自己等一下要開會，要長話短說，這一招很好用，可以學起來喔！

簽約對保

　　如果前面流程進行順利，最後銀行房貸業務就會與貸款人和保證人約時間當面親自簽約和對保。這個流程須要本人親自出席。對保約需要半小時到 1 個小時，要事先安排時間。

撥款

　　簽約對保後，銀行就會將核貸金額進行撥款。如前屋主有未償還的房貸，銀行會先代為償還剩餘貸款金額，其他的餘額才會撥入履保帳戶或是賣方的戶頭。完成撥款後，代書就會進行過戶和交屋的流程，交易也即將完成囉！

Q 如果調聯徵時名下有其他貸款怎麼辦？

　　一般來說，如申請房貸時名下還有其他借貸的確會影響房貸申請的額度，畢竟，如果你本來已經有使用其他貸款，要說服銀行你的財力實力很好，的確有點困難。如果調閱聯徵時你名下有未還完的信貸，可以先跟家人情商先借一筆金額還完信貸餘額，並跟銀行申請「清償證明書」，向銀行告知貸款已經還清，在確認申請貸款時將「清償證明書」正本提供給房貸銀行即可。

關鍵
2

成為銀行眼中的A級客戶

TIP→有些壽險公司提供的優惠房貸比銀行更好,一定要多比較。

⊖ 提高貸款條件的 5 個小撇步

看了上述的貸款流程,你是否察覺到一個關鍵點:即使物件條件再好,如果貸款人的信用、收入等條件不理想,也無法爭取到好的貸款條件。貸款人的授信條件不管對於房貸或信貸都非常重要。為了提高授信條件,以下有幾點要特別留意:

1. 維持良好的薪轉記錄

曾經有一位補習班英文老師申請房貸時遇到了困難,來找我諮詢。一問之下,知道她擔任英文老師已經好幾年,收入不錯也很穩定。但是因為補習班發薪水習慣給現金,也沒有幫老師提報薪資,所以每年扣繳憑單上的數字都很低。她存了幾年的錢終於買了一間房子,卻提不出薪轉的存摺記錄,也沒有漂亮的扣繳憑單等報稅資料可以提供給銀行參考。即使她請補習班提供在職證明與薪資證明書,銀行還是無法全部認列。最後,我建議她請收入較好的家人當她的保人,增加自己的授信條件,她請姐姐幫忙,才爭取到了想要的額度。

維持良好的薪轉記錄可以說是爭取貸款很重要的條件之一。如果你領的薪水都是現金,記得要拿去銀行存,並在存款條上備註付款單

位的名稱（一般備註欄可以顯示 6 個中文字），這樣刷簿子時可以看到備註，做為薪資入帳的證明。

此外，由於薪轉的簿子在申請貸款時會提供影本給銀行參考，**所以平常最好不要將存款用罄，不然銀行會認為你是月光族，入不敷出，影響自己償債能力的評分。**

買 房 關 鍵 問

Q 如果我去年的收入比今年好，貸款時可以參考去年的收入嗎？

由於銀行提供的收入資料通常以最近6個月的薪轉紀錄或是去年的扣繳憑單取其一即可，所以，如果你在未更換公司的前提下，去年的收入條件較今年佳，或是你每個月的薪水雖然不高，但定期都有獎金入帳，所以年薪較月薪所呈現的還高，那麼，你可以選擇提供去年的扣繳憑單做為收入證明。甚至，如果你過去幾年的收入都很好，還可以授權銀行去國稅局調閱你過去幾年的所得清單，為你的償債能力加分喔！

2. 提高最近 3 個月的財力證明

如果你有買房子的計畫，可以先跟家人情商先借一筆金額存入你的帳戶，可以使用定存或活期存款，等 3 ～ 6 個月後如有買房子，可以提供給銀行作為財力證明，等貸款下來後再還給家人。

3. 提供保證人

一般而言，保證人的還款能力可以和貸款人合併計算，所以如果可以提供收入和信用條件好的保證人，將有助於爭取較好的貸款條件。有些銀行為了避免貸款人為記名登記的人頭，所以要求保證人必須為二等親內的親屬。不過，仍有些銀行對保證人資格沒有規範，可以善用保證人來提高自己的授信條件。

4. 如有信用貸款，要先還掉

　　一般而言，信用貸款會影響房貸申請的額度，但是房貸較為常見，大部分人買房子都會使用房貸，且有房子做抵押，所以房貸比較不會影響信貸申請的額度。如果你名下有未還完的信貸且有買房子的計畫，可以先跟家人情商先借一筆金額還完信貸餘額，等房貸下來後再辦信貸還給家人。也有些人希望房貸和信貸都能爭取到最好的條件，會在沒有信貸的情況下，於送件房貸時，一併送件申請信貸，這樣房貸和信貸銀行在調閱聯徵時，都不會看到貸款，比較容易提供較好的貸款條件。

5. 增加與貸款銀行的往來

　　為了增加自己在銀行眼中的優良記錄，建議可以找目前較常往來的銀行（如：薪轉銀行、信用卡銀行）詢問房貸，平常存款後盡量不要去提款，累積存款餘額，記錄看起來比較好看。當你與該銀行的往來越頻繁，你的貸款條件議價能力也會越高喔！

　　此外，除了銀行行庫外，許多壽險公司也有承辦房屋貸款，而且不需是保戶。**如果你有貸款需求，不妨詢問幾家壽險公司是否有提供優惠房貸方案，有些比起許多銀行行庫條件更好喔**！

買 房 關 鍵 問

Q 當保證人會影響自己債信條件嗎？

　　保人可以分為「一般保證人」和「連帶保證人」。「一般保證人」的擔保責任比較輕一點，如果貸款人沒有償還貸款，銀行必須先將抵押的房子法拍，法拍後的價金抵銷剩餘貸款不足的部分才可以向「一般保證人」求償。而如果是「連帶保證人」，擔保責任比較重一點，如果貸款人沒有償還貸款，銀行可以直接轉向「連帶保證人」求償，不需等房子執行法拍。

　　雖然都是擔任保人，「一般保證人」擔保的金額不算他名下的債務，但是「連帶保證人」擔保的金額卻會算在他的名下喔！因此，擔任「連帶保證人」後，他自己的債信條件會變差，未來要貸款時額度也會減少。為了保護消費者，現在的銀行不能主動要求貸款人提供「連帶保證人」，所以大部分的保人都是屬於「一般保證人」。儘管如此，在提供保人時還是留意一下是哪一種喔！

 好用工具

　　想知道自己可以負擔多少貸款嗎？分享給大家實用的「可貸房貸總額試算」工具，快來試算看看！

貨比三家不吃虧，
選對房貸省下100萬元！

TIP→ 房貸種類多，請多做功課吧！

　　房貸的方案百百種，在申請之前，最好先了解各種種類的差別。大家通常以為利息越低越好，其實房貸的條件還有是否需要綁約、有無寬限期、貸款年限、貸款金額、是否需加買保險……等。

　　房貸方案有幾種分類方式，光是依照利息是否浮動、利率結構就可分為以下種類：

種類 1 利息是否浮動

　　有的貸款利息是浮動的，有的則是固定的。固定利息通常比較高，但比較沒有未來升息的風險。依照「利率是否浮動」的標準，可分為以下三種房貸方案：

指數型房貸（比較常見，又稱為「浮動型房貸」）

　　指數型房貸利率＝定儲利率＋加碼利率，利率隨著市場利率變動而機動調整，一般來說只要央行沒有升降息，利率幾乎不會波動，**適合有規律薪水的上班族**。

固定型房貸

　　利率固定,不受利率上漲、下跌的影響。一開始的利息通常較指數型房貸高,但因利率固定不變,在目前央行可能升息的情形下,可避免升息風險。由於房屋貸款的年限大多為 20 ～ 30 年,幾乎沒有銀行提供這麼長期間的固定型房貸,大多僅提供一定期間的固定利率,期滿之後則改為「指數型房貸」。**適合預算有限且準備長期還款的首購族、雙薪家庭和預期未來利率可能走升的人。**

組合型房貸

　　結合固定與機動利率,可自由搭配金額比重。**適合想省息又想規避升息風險的人。**

種類 2 利率結構也不同

　　除了「利率是否浮動」外,依照「利率結構」,還可分為以下幾種房貸方案:

一段式房貸

　　貸款期間的利率均用相同計算方式計息,通常搭配「指數型房貸」使用。相較於 2、3 段式利率,前 2 年的利率雖然較高,但長期來看利息較優惠,**適合還款能力佳的人。**

2、3 段式房貸

　　將還款期間分做 2 或 3 段,採取不同的利率計息。如果是 2 段式,第一段通常為前 2 年,第 3 段為第 3 年起。如果是 3 段式,第一段通常為前 6 個月,第二段為第 7 ～ 24 個月,第 3 段則為第 3 年起。通常 2、3 段式的利率結構,前 2 年利率通常低於一段式利率,但第 3 年起通

常會支付較高的本息負擔，**適合希望前 2 年利息負擔較輕的人。**

利率遞減型房貸（比較少見）

依據顧客繳息情形提供利率回饋。房貸利率依指數型房貸計息，若顧客每月按時繳息，利率即享有減碼優惠。**適合雙薪家庭、有固定還款來源者，或是對利率敏感度較高的上班族或避險族等。**

我有一個學員買了一間台北市的預售屋，總價約 3500 萬元，繳了 2 年的工程款，因為後來工作異動，過戶交屋後就計畫出售。建商配合的銀行提供貸款 8 成，利息 1.6%，需要綁約 3 年，如未滿 3 年提前解約，需支付貸款金額的 1.5% 做為違約金。後來我建議他找不用綁約的銀行，一樣貸款 8 成，利息 1.8% 雖然較高，但是交屋後 3 個月內就出售，利息相差不到 1 萬，卻省下 42 萬元的違約金。

還有一個學員，在 2008 年時，在桃園買房子，他和老婆是雙薪家庭，一個月加起來收入大約 6 萬，名下有房貸和信貸，一個月要繳的本利是 3 萬 7 千多元，壓力很大。後來生了小孩之後開銷更大，2018 年時想要轉貸，但由於名下還有信貸，銀行給的利率幾乎都在 2.2% 以上，貸款年限不能延長，所以只有 10～15 年，還需要手續費。後來，我介紹一個銀行窗口給他，幫他申請房貸的增轉貸，把信貸一口氣還掉，房貸利率不到 1.9%，重新申請 20 年期，每個月的本利攤還馬上降到 2 萬 7 千多元，一來一往差了 1 萬多元，壓力降低之餘，手上也多了一筆 30 萬的現金可以運用。所以，善用不同銀行的貸款優勢，的確很重要！

 好用工具

想試算每月還款金額嗎？好用的「房貸還款試算工具」，分享給你：

了解自己適合的貸款方案

Q 有充足的資金買房,到底要不要貸款?

　　即使你現金充足,平常也沒有投資理財需求,但是為了增加資金運用的彈性,建議還是可以申請「抵利型房貸」或「理財型房貸」。因為已經用現金支付完總價款項,所以平常不計任何利息。但如果有一天真的有資金需求時,可以用相當於房貸的利息,去動用資金,並可隨時動用、隨借隨還按日計息,不用去申請房子增貸(通常會有申請費用),也不用動用到信用貸款(利息通常比房貸高出2～3倍不等)。在不多付利息的情況下,保留自己的資金彈性,何樂而不為?

Q 夫妻買房,由誰當貸款人,誰當保證人比較好呢?

　　由於房貸可以透過「一般保證人」的加持來增加貸款授信,且不會占用保人自己的貸款額度,可以好好善用喔!不過,該由誰當房子的貸款人、誰當保證人,也是有學問的喔!

　　例如:如果先生年收入100萬,太太年收入50萬,現在想買一間總價1200萬的房子(想申請8成房貸),考慮到未來可能還有購屋置產的需求,如果夫妻兩人目前名下都沒有其他任何房產,也沒其他貸款,建議這間房子可以先買太太的名字。太太的收入雖然較低,但是透過先生當「一般保證人」,等於兩人的年收入加總有150萬,加上先生目前名下沒有任何貸款,所以可以幫太太加分不少!等這間房子過戶,太太的貸款也辦好後,太太名下有一筆960萬的房貸,而先生只當「一般保證人」,因此這筆房貸不算在先生名下,加上房子僅登記太太名字,所以先生名下沒有房子。未來如有買第2間房子的需求,先生收入高,加上名下沒貸款,所以不需要太太當保人,銀行貸款條件也會不錯喔!

關鍵
4

利用房貸，
讓銀行提供投資的銀彈

TIP→需要資金彈性運用，可選擇不同的房貸。

房貸產品越來越多元化，有些銀行推出的房貸方案結合了理財、儲蓄、保險等工具，增加貸款靈活的運用，加速房貸清償時間、減少利息支出，對於高資產族群特別好用：

⊙ 房貸總類多，教你聰明選

理財型房貸（循環動用型房貸）

一般房貸還款後的本金部分不能再動用，而理財型房貸的還款本金會轉換為循環額度，雖利率較一般房貸略高，但可隨時動用、隨借隨還按日計息，不動用不計息，活化不動產，擁有更多資金運用的彈性。**適合有理財規劃、短期投資、房屋修繕及備用金需求者，或者中小型企業人士。**

我有一個學員，在 7 年前買進在台北市民生社區的住家，由於先生不喜歡貸款，因此總價 3000 多萬元全部以現金支付。後來學習投資理財，發現房貸利息相對很低，便請銀行針對房子進行貸款評估，發現可以貸款 2600 萬元。

由於金額不小，每月負擔的利息不低，她詢問我的意見，我建議

她選擇「理財型房貸」，平常不動用時不必計息，如有發現好標的需要資金，再動用房貸，只要投資報酬率大於房貸利息就有獲利空間，避免因為利息壓力反而「病急亂投醫」，胡亂投資，失去了貸款的意義。她聽了我的建議，改申請「理財型房貸」，並爭取了一個不錯的利率，目前使用貸款的金額投資了 2 個標的，都有不錯的增值，而且動用的金額不到 1000 萬，還有近 2000 萬的額度當她未來投資的銀彈，只要現金流和風險管理得宜，真的是很不錯的資源！

抵利型房貸

「抵利型房貸」和「理財型房貸」有點相似，都是有動用時才會計息。不同的是，「理財型房貸」是動用房貸還款後的本金部分，而「抵利型房貸」則是以存款來折抵房貸本金，以減少利息支出，達到降低每月攤還金額或縮短還款年限的效果。如果臨時面臨資金需求，還是可以動用該筆存款。**如果你有存款，不想增加房貸負擔，但又希望保留資金運用彈性的人，「抵利型房貸」就很適合你喔！**

保險型房貸

與保險結合的房貸產品，保費通常較一般定期壽險為低，若承貸戶意外身故，則等同於房貸金額的保險理賠金，可優先償還房貸，避免不動產因無法按時繳交本息，房子遭法拍的風險。**如果貸款人是家裡主要的經濟支柱，可以考慮「保險型房貸」**（目前有蠆繳和年繳 2 種，可多加詢問）。

保證保險型房貸

當房貸核貸金額不敷需求時，利用「額外投保」的方式，增加貸款金額。房貸戶可透過保險取得不足的金額，而銀行業者也可透過保證保險，將風險轉嫁給保險公司。**適合自備款不足或信用條件不足的人。**

⊙ 本息平均攤還？本金平均攤還？搞懂了嗎？

一般房屋貸款年限分為 20 年（較常見）或 30 年，現在有些銀行甚至有 40 年房貸。年限這麼長，攤還金額的計算方式分成以下 2 種：

本息平均攤還

在利率不變的條件下，每月攤還本金與利息的總和固定，還款預算較易掌握，是目前市面上較常見的還款方式。**適合固定薪水、每月預算固定的上班族。**

本金平均攤還

每月攤還之本金固定，但每月償付之利息則逐月遞減，由於期初還款金額較多，因此可節省較多的利息支出。**如果你手邊有比較多現金，希望越付越輕鬆的話，可以選擇本金平均攤還喔！**

看了上面的房貸種類介紹，是否覺得頭昏眼花呢？雖然第一次看可能覺得很複雜，但只要了解房貸規則，就有機會幫自己省下百萬利息，是不是該好好花 1～2 小時研究一番呢？除了貸款方案外，政府不定期有優惠房貸資訊，如符合青年首購或換屋需求也可以向銀行詢問喔！

⊙ 房貸試算超簡單，輕鬆算出每月還款金額

以上是房貸的相關知識。這時候大家會問：「如果我沒有各家銀行的房貸窗口，要請誰幫我估價呢？」如果你真的沒有窗口，可以打電話到各分行請總機轉接房貸部，請房貸專員幫你估價。不過，這樣詢問出來的貸款條件通常不會很好喔！正所謂「有交情好辦事」，如果你有家人、朋友曾經辦過房貸，不妨請他提供業務窗口，直接找推薦的業務詢問會比較有利喔！

・政府的優惠貸款方案・

　　除了了解貸款的種類，其實政府也有住宅補貼方案和購屋優惠方案可以使用喔！如果您是公家機關正職員工，可優先考慮「築巢優利貸」，如非公家機關，可參考「青年安心成家」，如符合條件，最高可補助優惠利息貸款達800萬喔！

貸款項目	青年安心成家 購屋優惠方案	築巢優利貸 （輔助公教人員購屋貸款）
承作機構	台銀、土銀、合庫、第一、華南、彰化、兆豐及台灣中小企銀	台銀
目前利率	以下三種計息方式擇一，一經選定不得變更。 ・一段式：1.68%機動 ・二段式： 前2年：1.44%機動 第3年起：1.74%機動 ・混合式： 第1年：1.62%固定 第2年：1.72%固定 第3年起：1.74%機動	1.56%機動
年齡限制	20歲以上	依台銀鑑估辦法核定
每戶額度	最高8成 （最高新臺幣800萬元）	最高8成
貸款年限	最長30年	最長30年
寬限期	最長3年	最長5年

★表格接下頁

利率計算	以下三種計息方式擇一，一經選定不得變更。 ・一段式：按中華郵政2年期定儲機動利率（下稱「基準利率」）加0.585%機動計息（目前為1.68%） ・二段式： 前2年：按基準利率加0.345%機動計息（目前為1.44%） 第3年起：按基準利率加0.645%機動計息（目前為1.74%） ・混合式： 第1年：按基準利率固定加0.525%固定計息（目前為1.62%） 第2年：按「撥貸當時」基準利率固定加0.625%固定計息（目前為1.72%） 第3年起：按基準利率固定加0.645%機動計息（目前為1.74%）	依中華郵政2年期定儲機動利率加0.465%機動計息（目前為1.56%）
申請條件	20歲以上，且借款人與其配偶及未成年子女均無自有住宅者（沒有限定一生一次，也不限首購，只要購屋申請時符合以上條件即可）	・中央及地方各機關、公立學校及公營事業機構編制內員工（不含軍職、約聘僱人員、非現職人員、已退休、離職等） ・提供本人或其配偶之不動產（含本人或其配偶與他人共購之不動產）設定第一順位抵押權予本行。
申請時間	實施日期至109年底，必要時得予以延長。	自108年1月1日起至110年12月31日止（因承作機構可能更改，逾期可再查詢是否仍由台銀承作）

資料來源/政府網站，以上數據僅供參考，如有變動，依各機關或金融機構公佈之利率及方案為準。

政府「青年安心成家」貸款哪一個利率方案較好？真的有比較划算嗎？

政府的優惠貸款一向是市場關注的焦點之一，最近政府將「青年安心方案貸款」延長到2020年底，更進一步降低利率。許多首購族很好奇：目前「青年安心成家」有三個利率方案可供選擇，哪一個比較好呢？真的有比較划算嗎？

- **一段式**：1.68% 機動
- **二段式**：前2年1.44% 機動，第3年起1.74% 機動
- **混合式**：第1年1.62% 固定，第2年1.72% 固定，第3年起1.74% 機動

由於目前市場普遍預期央行升息的機率和幅度不高，所以，選擇前兩年固定利率的「混合式」方案，比較沒有誘因。至於該選擇「一段式」或「二段式」，可以依預計持有的年限來考慮。以總價1000萬，貸款800萬，如選「二段式」，前兩年每年利息約2萬，但第三年起，每年利息會多付4000～5000元。如預計持有超過10年，就選「三段式」比較有利喔！

至於「青年安心成家」貸款真的有比較划算嗎？其實，如果比較一般房貸，會發現一般房貸的成數有機會做到 8～85成，如果工作收入和信用記錄良好，首購利率有機會爭取1.56%～1.59%一段式。相較之下，「青年安心成家」的貸款成數和利率不見得比較划算。 所以，除非買的房子總價不高（貸款金額800萬內），或自己的工作收入條件，申請一般貸款利率條件不夠好，不然，與其為了把握「青年安心成家」而衝動買房，不如先釐清自己的買屋需求，好好認真看屋，慎選地點和房子條件，並談一個漂亮的好價格，還更實際喔！

第 **8** 章

搞懂稅法，
買房賣屋稅費省很大！

聰明節稅有方法，教你精打細算，
省荷包不省生活品質！

買不動產，
一定要把稅制先搞懂

TIP→房地合一看似難懂，但一定要搞懂！

⮕ 考考你！何謂「房地合一稅」？

　　有一天，朋友問我：「愛莉，我爸爸去年過世，留給我一間房子，但我現在考慮把它賣掉。請問『房地合一稅』要怎麼算？另外，我這樣要繳『奢侈稅』嗎？」

　　我：「『房地合一』新制上路後，『奢侈稅』就退場囉！另外，爸爸留給你的那間房子，是什麼時候買的？」

　　朋友：「買很久了！大約十幾年了吧！這個有影響喔？」

　　我：「當然有！『繼承』取得的房子，如果爸爸是『房地合一舊制』，你也可以選擇適用舊制喔！」

　　朋友：「哇！好複雜喔！那要怎麼算呢？」

　　的確，「房地合一」對於大多數人來說，的確既複雜又難懂。不過，只要記得右頁這個表，就八九不離十囉！

　　以「取得時間」來劃分：

* **2014 年以前取得的**：一律適用「舊制」
* **2014 ～ 2015 年間取得的**：2016 年以前出售者，適用「舊制」。如果是 2016 年以後才出售，則要看「持有是否滿 2 年以上」，如滿 2 年以上，則為「舊制」，如未滿 2 年，則適用「新制」。
* **2016 年後取得**：一律適用「新制」

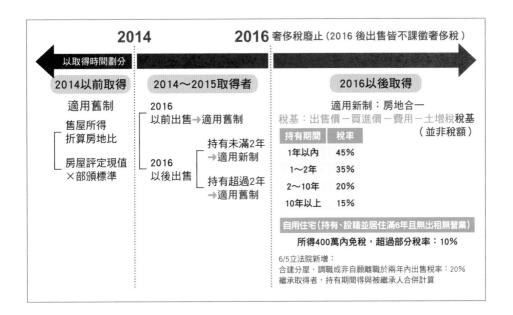

其實，不管「新制」或「舊制」，「房地合一」規範的其實就是出售房子時的「財產交易所得稅」。跟「土地增值稅」一樣，是出售房地時，要繳的稅費之一。那「新制」和「舊制」要怎麼計算呢？別急！別急！我後面會仔細說明。

⊙ 簡單口訣記下來：「契印土財」

不過，房子相關的稅費，總是讓人頭昏腦脹。**為了好記，我自創一個口訣：「契印土財」，分表代表買房子時要付「契稅」、「印花稅」、與賣房子時要付的「土地增值稅」、「財產交易所得稅」**。在學習稅務前，下面這幾個專有名詞要先搞清楚：

房屋評定現值

每年「房屋稅」單上會看到每間房子的評定現值，每 3 年會調整一次。

建物核定契價

政府依照「房屋評定現值」核定出來，和「房屋評定現值」數字一樣。

土地公告現值

每年 1 月 1 日公告，作為政府課徵「土地增值稅」和徵收私有土地補償地價的依據。

申報地價

每 3 年調整 1 次，於 1 月 1 日公告，每年「地價稅」單上會看到該土地的申報地價，做為政府課徵「地價稅」的依據。

「土地公告現值」與「申報地價」不同，不要搞混囉！

買屋稅費 別擔心，契稅、印花稅代書會幫你算好！

契稅（過戶前代書會先幫你算好）

買賣、贈與的契稅都是以當年的「房屋評定現值」×6%計算，注意！是用「房屋評定現值」而不是市價喔！「房屋評定現值」通常低很多！

例如：房屋課徵現值 100,000 元，契稅則為 100,000 元 ×6％＝6,000 元。

印花稅（過戶前代書會先幫你算好）

除了契稅，買房子還要繳印花稅。買賣的印花稅以「建物契價」和「土地公告現值」的 1/1000 的計算。

例如：建物契價 100,000 元，土地公告現值為 20,000 元 / 平方

公尺，土地面積為 1,000 平方公尺，權力範圍為 1/10，則印花稅則為
（100,000 元＋ 20,000 元 × 1,000×1/10）× 1÷ 1000 ＝ 2,100 元。

不管是契稅、印花稅，代書在過戶前會幫你算好請你匯款，所以絕對不會漏掉喔！

賣屋稅費 土增稅、財交稅請代書幫你試算最安心！

賣房子的稅費計算方式應該是所有房地產稅費中最複雜的。尤其是土地增值稅，很容易算錯，賣房前最好請代書幫忙算。每家仲介分店都有幾位長期配合的代書，有些甚至自己聘任代書，為了爭取你能委託他們出售，通常都很樂意幫客戶先試算稅費。如果你房子座落的土地不只一筆（表示土地權狀不只一張），記得提醒代書，避免漏算。如果還是怕算錯，可以請兩家仲介協助。

土地增值稅（過戶前代書會通知你金額，由你去繳，或從履保帳戶中的價金代繳）

把土地移轉給別人時，因土地增值所課徵的稅。依照一般稅率和自用住宅稅率，課徵的土地增值稅不同。此外，「土地增值稅」的計算基礎為「土地公告現值」，和「地價稅」依照「申報地價」為計算基礎不同。在過戶前代書會通知你金額，請你去繳。因為公式很複雜，我個人從來不自己算，因為算了我也不確定有沒有算對，呵！所以我總是交給專業的代書。

愛莉貼心提醒

我買過一間房子，賣方在簽約後才發現當初代書試算給他的土地增值稅有誤，原來那間房子座落的土地有3筆，可是代書只有計算到2筆，兩者相差竟有20幾萬。由於合約都簽了他也反悔不了，我不知道屋主後來如何跟仲介談判，這件事倒是讓我學到：計算土地增值稅，還是多問幾家比較好。

財產交易所得稅（依照房地合一新制、舊制、或預售屋買賣，而有不同的申報時間，要主動申報喔！）

買賣房子如有賺錢，就要繳「財產交易所得稅」，計算方式分成「成屋」、「預售屋」而有不同：

●成屋

「房地合一」上路後，出售成屋時，依照「房地合一新制」和「房地合一舊制」而有不同的計算方式和申報時間！

房地合一舊制：

在實價登錄以前，政府不知道我們房子買多少錢，當我們賣房子時當然也不知道我們賺多少。所以如果是「房地合一舊制」，「財產交易所得稅」有兩種算法，一種是「**官方簡易版**」，用房子的公告現值乘以各區的稅率來計算。另一種才是「**實價課稅**」，由我們自行舉証房子買賣的價格，扣掉裝潢、仲介費之後，看賺多少就課多少。

在「房地合一舊制」，財產交易所得稅的部分，只要計算「房子」的獲利就好了。一般而言，由於買賣合約上約定的「總價」包含房、地合計，所以獲利的部分，要依照「房屋評定現值」占「土地公告現值及房屋評定現值合計數」的比例計算財產交易所得或損失（也就是說依照房、地比攤計房屋的課稅所得繳稅）**所以在「房地合一舊制」，不管是下面哪一種方法，都只針對房子的部分申報喔！**

· 核實認定版（實價課稅）

房屋財產交易應稅所得＝

$$\frac{(售價－買價－買賣房屋時支付之一切必要的費用) \times 房子的評定現值}{房子和土地的評定現值總和}$$

買賣房屋時支付之一切必要的費用：

包含契稅、印花稅、代書費、規費、監證或公證費、
仲介費、修繕裝潢費、售屋時的土地增值稅等

房屋財產交易所得稅＝

房屋財產交易應稅所得 × 個人綜合所得稅累進稅率

採用這個方法應該檢附買進、賣出之實際買賣合約，且附上收
付價款之紀錄或憑證（發票）。如果你實際買賣房子沒有賺錢，
就可以提供單據證明沒有獲利，不需要繳交財產交易所得稅。

・官方簡易版

房屋財產交易所得＝房屋評定現值 × 各區稅率

房屋財產交易所得＝

房屋財產應稅所得 × 個人綜合所得稅累進稅率

在「房地合一舊制」，不管是上面哪一個計算方式，都是於次年
5 月報稅時，主動申報「財產交易所得」，納入個人綜合所得稅中，
依照適用的邊際稅率計算。

一般而言，官方簡易版所計算出來的稅額較低，所以一般多以其
計算申報。不過，實價登錄以後，政府開始針對一些有實價登錄的案
子，調查出售的的報稅狀況。其實，實價課稅沒那麼恐怖，有時候核
算起來還可能比官方簡易版的計算結果還低喔！舉個實例計算說明：

某南港一間新成屋，請教代書之後，確定其土地公告現值為
$8,524,967 元，房屋評定現值 $1,177,600 元。N 年後換屋轉賣，扣除
所有的費用後，賺了 200 萬，到底實價課稅會被課多少稅？

●用「官方簡易版」（房屋評定現值）計算：

房屋評定現值 $1,177,600 × 南港區適用稅率41% ＝ $482,816
再納入所得稅去申報。假設綜合所得稅稅率是 30%，
$482,816×30% ＝ $144,845 元

●用「核實認定版」（實價課稅）計算：

土地公告現值 $8,524,967 元，房屋評定現值 $1,177,600 元，
因此：

（房屋評定現值）÷（房屋評定現值＋土地公告現值）＝ 12.137%
房地比例是 12.137%
因售屋賺了 200 萬，
所以用 200 萬 ×12.137% ＝ $242,740 元，併入所得稅。
如果綜合所得稅稅率是 30%，等於次年報稅要繳：
$242,740×30% ＝ $72,822 元

哇！沒想到實價課稅居然還比較便宜一半耶！驚訝嗎？不妨把你
的地址給代書，請他提供土地和房子的評定現值讓你算算看。

房地合一新制：

「房地合一」顧名思義，「房子」和「土地」的獲利都要繳
財產交易所得稅，而且規定不得再用核定契價來計算，必須「實
價課稅」，也就是「賺多少，課多少」！計算方式如下：

交易所得＝

交易價額－取得成本－必要費用－土地漲價總數額

取得成本項目：

契稅、印花稅、代書費、規費、公證費、仲介費、所有權使用期間可增加房屋價值且非 2 年內所能耗竭之增置、改良或修繕費等。

必要費用項目（未提示者依成交價額 5% 計算）：

仲介費、廣告費、清潔費、搬運費。

土地漲價總數額：政府課徵土地增值稅的稅基
土地增值稅是由：
土地漲價總數額（稅基）**× 稅率**，所得出來的。

土地漲價總數額的計算方式＝

申報土地移轉現值－（原規定地價或前次移轉時所申報土地移轉現值 ×（台灣消費者物價總指數 ÷100）） －（改良土地費用＋工程受益費＋土地重劃負擔總費用）

　謹慎起見，可以請仲介或代書在銷售前先協助試算喔！
　特別注意，不得列為成本費用項目包含：土增稅（因為已扣土增稅的稅基－土地漲價總數額）、房屋稅、地價稅、管理費、清潔費、金融機構借款利息等。

房地合一稅：

房地合一稅＝交易所得 × 稅率

稅率如下（見 272 頁表格）：

持有期間	稅率
1年以內	45%
1～2年	35%
2～10年	20%
10年以上	15%

　　為了優惠自住族群,只要符合個人或其配偶、未成年子女辦竣戶籍登記、持有並居住於該房屋連續滿6年,出售前6年內,無出租、供營業或執行業務使用,個人及其配偶及未成年子女於交易前6年未曾適用過此條件,則可享有400萬的交易所得免稅額,超過400萬以上的,稅率亦只需10%,非常優惠!

　　特別注意的是:

　　不同於「房地合一舊制」將財產交易所得併入個人年度綜合所得稅中,於次年5月一起申報,「房地合一新制」須於產權移轉30天內主動申報。而且稅率如同上面規定,跟個人綜合所得稅率完全無關,要特別注意喔!

● 預售屋

　　由於預售屋還沒有過戶到名下,也還沒有房地的正式產權,所以跟「房地合一」無關,只能依照實際成交價格的計算方式,而且不分房地比例,一律都要繳稅喔!需在次年5月報綜合所得稅時主動申報。

　　例如:小張以1000萬元買了一間預售屋,在交屋前即以1100萬出售獲利,買賣所衍生的仲介費和換約費共計20萬,則其需申報的財產交易所得是:

財產交易所得=(1100萬－1000萬－20萬)=80萬

　　如其所得邊際稅率為20%,則其次年需繳的財產交易所得稅:

財產交易所得稅=80萬×20%=16萬

關鍵 2

必看！
3大族群的節稅撇步

TIP→ 節稅撇步一定要學會，讓你報稅省很大！

房貸族 善用「自用住宅購屋借款利息扣除額」，每年報稅省 9 萬！

每年 5 月又到了所得稅申報的時候。如果你目前房子為自用，且有辦房貸，可以列舉扣除購屋借款利息，每年上限最高為 30 萬元。每一申報戶以一屋為限，並以當年實際支付的房貸利息支出，減去儲蓄投資特別扣除額後的餘額，申報扣除。

申報條件	需檢附文件
①符合「自用住宅」的條件。（所有權人或配偶、受扶養直系親屬於該地辦竣戶籍登記） ②以納稅義務人、配偶或受扶養親屬名義登記為其所有。	①金融機構之借款利息單據正本 ②戶口名簿影本

例如：

王先生在 98 年支出的購屋貸款利息共 60 萬元，但他在銀行的利息收入有 5 萬元，在申報購屋借款利息時，需以 60 萬元減去 5 萬元，得到餘額 55 萬元，因為超過申報額度上限的 30 萬元，因此以 30 萬元作為「列舉扣除額」申報，假設他的邊際稅率是 30%，就省下 9 萬。

換屋族 善用「自用住宅重購退稅」，退稅 20 萬！

　　如果你有換屋的行為，只要在完成移轉登記日起 2 年內，重購自用住宅之房屋，就有機會可以在重購自用住宅房屋完成移轉登記之年度，依法申請將原本繳的「財產交易所得稅」和「土地增值稅」退還。先購後售者，也有適用喔！

申報條件	需檢附文件
①不論買進或賣出的2間房屋皆須符合「自用住宅」的條件。（所有權人或配偶、受扶養直系親屬於該地辦竣戶籍登記，且於出售前一年內無出租或供營業用之房屋） ②納稅義務人已將出售自用住宅之財產交易所得於出售年度之綜合所得稅申報繳納。（原財產交易所得如已自財產交易損失中扣抵者不在此限。） ③房地合一舊制：購屋的價格必須高於出售價格。 　房地合一新制：依比例退稅 ④2間房屋產權登記的時間必須在2年以內。 ⑤都市土地最大適用面積是300平方公尺，約合90.75坪，非都市土地最大適用面積是700平方公尺，約合211.75坪。 ⑥新買房屋的土地移轉現值總額，須超過賣舊屋的移轉現值總額扣除所繳納土地增值稅後有餘額，才能申請土地增值稅退稅。且重購後5年內，都須作自用住宅，有戶籍登記。不能改變用途、出租他人或遷出戶籍，也不可移轉他人，否則會被追繳原退還的土地增值稅。	①出售及重購年度之戶口名簿影本，證明出售及重購房屋是自用住宅。 ②重購及出售自用住宅房屋的買賣契約，或是檢附向地政機關辦理過戶的契約文件影本，及所有權狀影本，以證明重購價格高於出售價格，而且產權登記時間相距在2年以內。

　　例如：陳先生在 100 年 3 月 9 日出售自用住宅房屋一棟，該房屋買進成本為 400 萬元，賣出價額為 500 萬元，繳納的土地增值稅和財產交易所得稅合計為 20 萬元。如陳先生在 101 年 12 月 23 日購買自用住宅房屋一棟，價額為 550 萬，如其他條件皆符合「自用住宅重購退稅」的要求，陳先生可申請退稅 20 萬元。

遺產族 注意：贈與房地產，小心得不償失！

　　許多長輩希望善用每人每年 220 萬的贈與免稅額，分批將自己的資產贈與給小孩，尤其是「房地產」，由於課稅基礎是房子的土地和房屋的「公告現值」，一般來說都比市價來得低，一直是許多人贈與節稅的好工具。不過，在「房地合一」新制上路後，小心省了「贈與稅」，卻賠了「房地合一稅」喔！怎麼說呢？

　　舉例來說：假設爸爸名下有一間房子，市價 1200 萬，土地公告現值是 300 萬，房屋評定現值是 80 萬。為了可以符合每人 220 萬的贈與免稅額，爸爸先贈與一半的產權給媽媽（夫妻之間的贈與不須課稅），然後再由爸爸媽媽共同贈與給孩子（300 萬＋ 80 萬）÷2 ＝ 190 萬＜ 220 萬免稅額，贈與稅為 0。

　　不過由於「房地合一」新制上路，未來如孩子要出售這個房子，他的成本就必須以「評定現值」380 萬來作為成本，而非「市價」的 1200 萬！所以，假設 3 年後，他用 1100 萬出售這間房子，雖然感覺是「小賠」（因為爸媽贈與給他時市價是 1200 萬），但政府認定的獲利是（1100 萬－ 380 萬）＝ 720 萬，用 720 萬扣掉一些出售的費用和土地漲價數額（假設合計 50 萬），再乘以「房地合一」的稅率（持有 3 年，稅率 20%），要繳的房地合一稅＝（720 萬－ 50 萬）×20% ＝ 134 萬！得不償失！

　　如果「贈與」不划算，但又一定要把房子過戶給孩子的話，該怎麼做比較好呢？為了節稅考量，許多代書現在會建議客戶不要用「贈

與」的方式，而是用「買賣」的方式。

例如：爸爸一樣可以先贈與一半的產權給媽媽，然後再由爸爸媽媽共同「賣」房子給孩子。假設簽約金額是市價 1200 萬，如此一來，未來如果賣 1100 萬，政府認定的成本是 1200 萬，不用繳房地合一稅。就算賣 1300 萬，繳稅金額也遠比贈與時繳得低。

孩子本來要給爸媽各 600 萬（1200 萬 ÷ 2），扣掉 220 萬的贈與免稅額度，只需要給爸媽各 380 萬（這時爸媽贈與給孩子的不是房地產，而是「現金」），只要貸款約 63 成即可。等銀行順利撥款，爸媽各拿到 380 萬後，可以選擇在明年和後年逐年贈與現金給孩子，孩子再去還貸款。雖然很迂迴，但這是「房地合一」新制下，適合規劃的方式。

房地產稅制牽一髮動全身，執行之前記得多跟專業代書請益，事前的規劃可以全盤考量，選擇最適合自己和家人的規劃喔！

➜ 買賣房屋的其他費用

除了「契」、「印」、「土」、「財」外，買賣房子還有一些費用要支付。

· 買屋時所需的規費 ·

仲介費	房屋總價的1%～ 2%
代書費	通常買房子的代書費是由買方支出較多，包含簽約費（買賣雙方各1000元）、土地建物移轉登記（12000元，每增加一筆建號或土地或登記名義人加收1500元）、抵押設定登記費用（4000元～5000元，每增加一筆建號或土地或登記名義人加收500元～1000元）。合計大約為18000元～20000元，可以先以2萬估算。
履約保證費用	總價的萬分之6計算，由買賣雙方平均負擔。1000萬的房子的「履保費用」雙方各負擔3000元。
登記規費	為當年度土地申報地價總額千分之一，與當年度評定建物現值千分之一計收，另外加上書狀費用每張80元。

· 賣屋時所需的規費 ·

仲介費	房屋總價的2%～4%
代書費	賣方需要支出的代書費為簽約費（1000元）、抵押權塗銷登記（2000元～3000元），兩者加總可以先以4000元估算。
履約保證費用	總價的萬分之6計算，由買賣雙方平均負擔。1000萬的房子的「履保費用」雙方各負擔3000元。

⮕ 房屋持有稅費：房屋稅、地價稅

除了買賣房子要繳稅，持有房子期間也有兩個稅要繳喔！

房屋稅（每年 5 月收到帳單）

國稅局於每年 5 月會對房屋所有人課徵房屋稅。依照不同房屋使用用途，課徵的房屋稅不同，屋主會收到房屋稅單，直接拿稅單去便利商店等繳費單位繳交即可。

例如：房屋評定現值為 200,000 元，使用用途為住家，其房屋稅則為（200,000 元 ×1.2%）= 2,400 元

- **住家用**：房屋現值 ×1.2%
- **非住家營業用**：房屋現值 ×3%
- **非住家非營業用**：房屋現值 ×2%
- **營業減半**（合法登記之工廠供直接生產使用之自有房屋）：1.5%

地價稅（每年 11 月收到帳單）

國稅局於每年 11 月會對土地所有人課徵地價稅。依照一般稅率和自用住宅稅率（須遷入戶籍外，並到稅捐處辦理自用住宅申請），課徵的地價稅不同，地主會收到地價稅單，直接拿稅單去便利商店等繳費單位繳交即可。

- **一般稅率**：當期申報地價 ×10÷1000
- **自用住宅稅率**：當期申報地價 ×2÷1000

買 房 關 鍵 問

Q 每年要繳交房屋稅和地價稅，如果中途賣掉了，當年度的房屋稅和地價稅該由買方還是賣方付呢？

為了公平起見，代書會將當年度要繳交的房屋稅和地價稅先算好，然後依照賣方持有的天數除以365天，去計算比例，由賣方先把金額給買方，由買方於每年5月收到房屋稅單、11月收到地價稅單時再去繳即可。

第8章 搞懂稅法，買房賣屋稅費省很大

「房屋稅」、「地價稅」節稅守則

　　持有房子期間，每年5月、11月都會收到「房屋稅」、「地價稅」稅單。如果名下只有一間，記得遷入戶籍，並申請「自用」，來節省稅金。不過，如果名下不只一間該如何節稅呢？

房屋稅

　　常有學員問我：「愛莉老師，聽說自用住宅最多限3間房子，而且是夫妻和未成年子女一起合計。那假設有4間房，國稅局怎麼判斷那一個不是自住房子？另外，超過3間的會有什麼影響？」

　　由於有不少縣市調整非自用住宅稅率，如果你名下有超過一間以上的房子，可要特別留意規定，選擇「房屋評定現值」相對較高的房屋做為「自用住宅」，以適用較低的稅率。

　　以台北市為例，自己、配偶和未成年子女名下，在「全國」合計加起來僅能有3間可作為「自用住宅」，以1.2%作為「房屋稅」稅率，超過的部分最高可課3.6%，是「自用住宅」稅率的3倍！ 由於「房屋稅」是以**房屋評定現值**×稅率，可以評估一下每間房子的「房屋評定現值」，到稅捐處填一張使用情況變更的表，指定哪幾間要當「自用」，如果沒有指定的話，稅捐處會自己分配喔！

　　如果收到房屋稅稅單，**發現上面的稅率超過1.2%，就表示屬於「非自用住宅」**。攸關自己的權益，可要多多注意！

地價稅

　　地價稅「一般用地」稅率是10‰～55‰，採累進方式課徵，而「自用住宅用地」稅率只有2‰，兩者相差非常多。如果本來是適用「一般用地」稅率，記得要在9月22日前將本人、配偶或直系親屬戶籍遷入，並向稅捐處提出申請「自用住宅」。

　　如果名下不只一間房子怎麼辦呢？稅法雖然規定本人、配偶及未成年受扶養親屬的自用住宅用地只能一處，但如果名下不只一間房子，可以將其中一間以本人、配偶或未成年子女設籍，第2、3……間以成年子女、祖父母、父母、岳父母等其中1人遷入戶籍，在其他條件都符合的情形下，還是可以不受一間的限制，全部可以適用優惠稅率喔！

房東族要繳的稅費

如果有房子出租，依法房東應該申報租賃所得。由於房客是「自然人」和「公司行號」（法人）的規定不同，要繳的費用也不同喔！

如果房客是「自然人」：

·租賃所得稅

計算方式有兩種：**一種是不須任何證明文件，一律以當年度房屋租金收入的43%列為「必要費用」**（因為政府考量大家出租房子，會有折舊、維修等，但土地出租的收入，只能扣除當年度已繳的地價稅，不得扣除43%的必要費用）不過，**如果實際發生的費用高於當年度房屋租金收入的43%，就可以用列舉的喔！**包含：房屋折舊、修膳費、地價稅、房屋稅、火險費、地震險、和該房子的貸款利息，通通可以列舉而從租金中扣除。

例如：某出租房屋的租金所得為36萬，房貸利息繳了18萬，修膳費、地價稅、房屋稅、火險費、地震險等共花了2萬，因為**18萬＋2萬＝20萬，比租金收入的43%**（36萬×43%＝15.48萬）**還高，所以可以用列舉的費用20萬來計算，租賃的課稅所得＝36萬－20萬＝16萬，再將其併入個人綜合所得稅中，看個人的邊際稅率是5%、12%、20%、30%、40%、45%，即為應繳的稅額**（例如：如果稅率是12%，則應繳稅額＝16萬×12%＝1.92萬）

如果房客是「公司行號」（法人）：

·租賃所得稅

如果房客是公司行號，且將房租租金列為公司的費用項目時，依照規定，房客每個月需幫房東預先扣繳10%的租賃稅，房

東於每年五月年度報稅的時候，再依照個人所得稅稅率計算實際課稅金額（同上），多退少補。

· 二代健保

如果房客是公司行號，且每次給付的租金超過台幣2萬元，**除了「租賃所得稅」外，還需要繳交 1.91%的「二代健保」費喔**！

如果房客是公司行號，上述2個費用，通常約定由房客負責上網申報、列印、繳款。在實務上，房東與房客會針對上述2個費用另行計算合約上的租金金額。

舉例來說：如果本來租金是35,200元，合約租金價格會調整為40,000元含稅和二代健保，如此一來，房客每個月會幫房東自動扣繳10%租賃稅：40,000×10%＝4,000，並繳納1.91%二代健保：40,000×1.91%＝764，因此，**雖然合約上的租金是40,000，但每個月實際匯給房東的金額是**：40,000－4,000－764＝35,236。

至於租賃稅多退少補應該如何計算呢？以上述的案例為例，每年房客自動幫房東預先扣繳的稅累計為4,000×12＝48,000，次年5月房東申報個人所得稅，假設房東直接以政府規定的43%作為租金的「必要費用」，那麼，**租賃所得＝40,000×12個月×（1－43%）＝273,600**。假設房東當年度的個人稅率為5%，那麼，應繳的稅為273,600×5%＝13,680，比房客已經幫房東預先扣繳的48,000少34,320，可以申請退稅。假設房東當年度的個人稅率為20%，那麼，應繳的稅為 273,600×20%＝54,720，比房客已經幫房東預先扣繳的48,000多 6,720，則需要再補稅。

你學會了嗎？

安居自住，幸福收租

　　曾經去過一個知名聯誼社群網站演講（主題是：「親愛的，我們一起住好嗎？－買屋 vs 租屋，哪一個適合我們？」）後來看到他們舉辦了一個聯誼party，party 的主題是《有家好安穩 地產男孩派對》，只要個人名下有房地產的男生即可參加此派對，活動文案寫著：「不用大富大貴，給女生一個家」。我不知道這個 party 人氣如何，不過，它的確反映了「房子＝安穩的家」的觀念。然而，撇開經濟能力不談，是不是每個人都適合買房子呢？

　　記得有一次，跟一個年紀約 50 歲的大姊吃飯。她說，她工作了近 30 年，養大了 2 個孩子，不過，到計劃退休時才發現，自己身上真的留下來的資產就是「保險」和「房子」。無獨有偶，最近跟一個朋友聊天，單身的她，賺得多也花得多，不過，無論如何，每個月一定優先把「房貸」金額和「年金型保單」的保費先轉到扣款帳戶，所以雖然她帳戶現金不多，房貸倒也還了不少，還為退休後的年金生活費做準備……

　　仔細比較「保險」（指「儲蓄險」、「年金型」等資產型保單）和「房子」，會發現：雖然保單、房子增值賺錢很重要，但更關鍵的是：透過買「保險」和「房子」，「存」下了資產，強迫自己儲蓄。

　　「保險」或「房子」，某方面來說，就是有「承諾」的儲蓄（如使用房貸買房），兩者都必須在購買時先仔細安排現金流，如果期間繳不出來，前者必須解約（會有保單價值損失），後者則必須將房子轉售，

「住者有其屋」是每個人的基本需求，但因應高房價時代的來臨，
在購屋前一定要先做好功課。

否則將淪為被法拍的風險。繳款的過程逐步累積了資產，如有期間
有增值（如保單的利息或投資紅利，或房價上漲），更讓資產倍增。

　　然而，每件事情必定有好壞兩面，「強迫儲蓄」某方面來說限
制了消費的彈性，而基於房子座落地點的限制，也影響了工作或生
活場域的選擇。

　　我所尊敬的一位女創業家，她的公司代理了多款線上遊戲，公
司營業額上億，獲利也逐年成長。就我所知，要她用 5000 萬現金在
台北市買一間房子一點都不困難，但是她完全不想買房子。她在公
司附近，以每個月 5 萬元租金，租了一間她非常滿意的房子：全新
的大樓，室內使用 60 坪，還有一個 10 坪的小院子，採光非常好，
還有高檔裝潢。為了避免搬家的困擾，她和房東簽了長約。她保留
現金做為創業和旅遊的基金，而不讓房子限制自己的夢想和犧牲生
活品質。

比較這兩種類型，你是哪一種呢？是希望透過買房強迫自己儲蓄，累積資產的「穩定派」？還是想保留現金，讓自己創業或追夢的「激進派」？平心而論，不管租或買，都可以打造自己心目中的夢想家。而你喜歡哪一個呢？

　　我來猜猜。會拿起這本書，並且翻到最後，看到這一篇的你，可能想要「買房」的分數多一點。可是，房價這麼高，就算這幾年修正，跌幅還是遠遠不及大家的期待，要怎麼做呢？

　　回答這個問題時，我的腦海裡閃過一件事。

　　那一天，跟好友 Alva 聊天。她說，她在 5 年前和朋友去了一場房產講座，當時太陽花學運剛落幕，講者分享了一張圖，讓她印象很深刻。她問：「這張圖像不像是最近的太陽花學運？」而那張圖，其實是 1989 年，民眾抗議房價太高，號召群眾上街頭，躺在當時最貴的精華地段忠孝東路上。她說，看到這張圖讓她很驚訝！30 年前的那個時空背景，我們才剛上小學，世代輪轉，我們仍然處在高房價的緊張環境中。當我們聽見長輩說起以前的生活情況，我們可能對著長輩說：「那是你們以前有那樣的時空背景跟經濟環境，我們現在跟以前可不一樣！現在的年輕人跟你們遇到的情況不同，我們的薪資結構越來越低，不像你們以前那麼好賺錢……」聽起來沒錯，但是，從這張夜宿忠孝東路的照片看出來，也許當時的爸媽們，跟我們這個世代內心有的焦慮是一樣的。

　　當我們被新聞一再轟炸：在台北買房子，要不吃不喝超過 30 年

才買得起，我常常覺得很納悶，台北市的房子這麼多，為什麼要用預售屋與新成屋的平均房價來計算呢？如果是無電梯公寓，除了單價少近一半外，由於公設比低，坪數只要近 25 坪就可以買到 3 房，壓力幾乎降低到剩下 1/3。而且，以 30 到 34 歲受薪階層的薪資作為分母，現代都會人結婚、生子得晚，一般這個階段大多需求 2 房的空間，壓力又少了 1/5，未來真有更大的空間需求再換屋就好，不用一次購足。但是，這類的新聞標題就像集體意識一樣地灌輸給大部分想買房子的人，感到既憤怒又無助。

所以，我的答案是什麼呢？

別緊張啊！這是每個世代都會存在的焦慮，就像我們對工作、生活、感情、或是年紀再大一點，對孩子的教養、健康……一樣，「壓力」與「期待」兩個同時共存，一樣的自然。不管要不要買房子，我們還是能把生活過好，讓自己在工作上發光發熱，在累積工作經驗之餘，培養好信用，並想辦法開源節流，創造每一個讓自己更進步的機會。除了陷在矛盾、恐懼、貪婪的情緒外，我們可以更平心地看待「買房子」這件事，在自己的預算和心境準備好時，好好地做功課、看屋、議價、裝潢。透過學習、規畫，一步一步完成夢想。

而當你準備好時，願這本書分享的知識和經驗，能陪你走過獨一無二的旅程，實現心裡的夢想（同時也是我 7 年前成立 House123 的初衷）一買一間心愛的房子，安居自住，幸福收租。

學員分享

真心推薦不管是想要自住或收租的朋友，
都可以親自體驗這樣的課程，一定會有意想不到的收穫！

從租屋到買房，
實現在台北工作 15 年的心願！
• Thelma，電子業

在台北工作 15 年，搬家至少 10 次以上。看著房價越來越高，雖然陸陸續續有在看房子，但是，因為目標不明確，不知道自己想要的條件是什麼，一度已經放棄。雖然租房子也不錯，但是始終有一個夢想，想要有自己的家。

因緣際會下，看到臉書有朋友追蹤愛莉老師的課程，好奇之下參與了人生第一場講座，在繁忙的工作之餘（一年要去國外出差十幾次），撥空參與買房議價的課程，偶爾還要跟老公、小孩請假去上實體課，最後拿到分組競賽冠軍，還認識許多優秀的組員，真是開心！

　　上完愛莉老師的課，因為忙於出差，加上年前又換了新車，看房子的事就一直拖到年後，不過也還是覺得買房子的事情離我很遙遠。直到聽了老師分享，完全刺中我：「每月繳 1 萬元的租金，跟貸款 750 萬每個月所繳的利息是一樣的。」天阿！我每個月的房租是 2 萬呀！所以，我又開始積極地約看房子了。由於上課時知道哪些地雷房子應該避開，以及列出自己想要的條件很重要，目標明確後找房子就比較快了！4 月底某個星期天，看到 4 個 case 的最後一個，當天下午下斡旋，晚上見面談，議價成功就簽約了。現在回想起這一段，真的很同意愛莉老師說的：「前面的房子不適合不要灰心，代表後面有更合適的房子等著你喔！」

　　我的新家離本來租屋的地方很近，兩個小孩都不用換學區和安親班，還有車位給新車停。裝潢的過程中，我自己也參與了設計，完工的成品我和家人都非常滿意，謝謝愛莉老師，也謝謝願意給自己機會實現夢想的自己，完成了在台北工作 15 年的心願！

老屋大改造，
創造每月 6 萬元的退休金收入！

• Annie，貿易業

　　我和先生在台北市中山區有一間公寓，這間房子，原本是先生當成辦公室使用，去年先生決定要退休了，所以我們就萌生一個想法，想要整理一下這間房子拿來收租，作為退休後現金流的規劃。愛莉老師對於裝修設計和租客篩選、管理很專業，於是報名參加老師的課程。

　　在上課之前，我對於如何整理這間房子完全沒有想法，不知道如何著手。在上課之後，學了很多裝修和出租的知識，終於鼓起勇氣，改造這間房子！從設計規劃、租金測試、裝潢工程，到最後的佈置、拍照、招租、帶看，過程中老師幫助我很多，我把這間 30 坪

的公寓，隔成兩個 2 房 1 廳 1 衛，裝潢完成之後，每個月的租金超過 6 萬！而且租很快！帶看 2 個禮拜左右就全部租出去了！房客的質感也很好，我和先生都非常滿意！

　　真的很謝謝 House123 開了這麼實用的課，讓我們有機會活化資產，為自己的退休生活創造穩定收入！愛莉老師的房產經驗非常豐富，如果你也有收租的夢想，鼓勵大家一起來學習，你也可以跟我一樣幫老屋重新塑造價值，一起「幸福收租」！

當起包租婆，快樂收租

• Ms. Selena，YouTuber

　　2017 年 7 月，因緣際會下，和 Ellie 老師參加了同一場公眾演說的課，在那次的課程中，我發現 Ellie 老師私底下是一個非常溫柔的人，但是只要一上台一講起房子，我就能在她眼中看見滿滿的熱情。受到這份熱情的鼓舞，我立馬報名了 Ellie 老師「隔套包租公」的課程。

　　一開始，雖然報名了老師的課，但我遲遲沒有認真上課。直到 2018 年初時，開始為 2018 訂下目標，才下定決心要開始認真學習

房地產。

　　Ellie 老師的課程非常扎實，傳授很多很有用的知識，從如何挑物件、如何估價、議價、裝修，到出租帶看、管理，非常詳細。房地產是一個複雜的投資工具，學習曲線很長，不但有很多專業術語，還有很多細節是必須學習的。重點是，學習完之後，還必須有強大的「動機」搭配「行動力」，才能把自己所學的派上用場。

　　記得當時我大約花了一個月，看完老師所有的線上課程，接下來就是如火如荼地實地看房了。每個週末，和男友約好如果沒有什麼特別的行程，就會一起看房。平均每個禮拜都會看 5 ～ 8 間，大約這樣連續看了 4 ～ 5 個月，總共看了近 100 間房子，終於買到了第一間黃金屋。回憶起看房的過程，真的很辛苦，不過，真的很慶幸有 Ellie 老師在這一路上的協助。我記得當時我動不動就會傳訊息問老師問題，小到從物件的「路寬」，到「銀行貸款」，還有裝潢大大小小的問題，老師都可以給我很多很有幫助的建議。印象很深刻的是，當時有 2 家銀行給我的貸款條件都不差，而且條件非常像，於是詢問 Ellie 老師的意見，結果沒想到老師提供了超強大 Excel 表，從數據上幫我比較了 2 家的條件。當時除了覺得老師實在很強大之外，也覺得很感動，非常謝謝老師用心回饋！

　　2018 年底，我的第一間收租公寓完工了，除了拿到寶貴的合法隔套合格證明，也在今年初順利滿租了，正式當起「包租婆」，快樂收租。我把我看房、裝潢、佈置的過程和心得分享在我的 YouTube 頻道：Ms.Selena，還邀請 Ellie 老師到我的會客室來回答大家的 Q&A，引起很多網友們的迴響！謝謝 Ellie 老師帶我進入了房地產的世界，我想，除了 YouTuber 外，「包租婆」也會是我這斜槓人生中，一直很熱愛和享受的志業喔！（笑）

Hi！我是邱愛莉 Ellie
書中內容看不夠的朋友，歡迎你來參加現場活動，
一起交流。

現場的講座，我還會再分享

1. 購買預售屋的關鍵
2. 買屋策略
3. 議價方法
4. 如何善用銀行貸款
5. 隔套收租合法化

透過分享會，我會分享買房的小知識、
我自己的買房經驗、還有協助學員的買房經驗唷！

有超過百位同學
趁著這次房市盤整，成功晉身有屋階級
有的成為包租公，幫自己打造收益型資產！
不僅北部的學員，外縣市的學員，也受益良多

想瞭解更多，一定要來了解
最新的買屋增值SOP模式！

立即參加：
活動網址：https://www.house123.com.tw/課程講座
或是搜尋：house123 講座活動

⭐ **House123實價登錄**
30秒搜尋附近行情
參考價格

⭐ **房屋還款試算**
評估寬限期限內
與寬限期後的每月還款金額

⭐ **可貸房貸總額試算**
評估可購買的房屋總價
與自備款金額

再推薦給你, 超好用的購屋工具

國家圖書館出版品預行編目 (CIP) 資料

買一間會增值的房子 / 邱愛莉作 . -- 修訂一版 .
-- 新北市：文經社 , 2019.10
　面；　公分 . -- (富翁系列 ; M020)
ISBN 978-957-663-781-0(平裝)

1. 不動產業 2. 投資
554.89　　　　　　　　　　　　　108012829

文經社

M020

買一間會增值的房子（修訂版）

作　　　者	邱愛莉
責任編輯	謝昭儀
校　　對	邱愛莉、謝昭儀
封面設計	羅啟仁
版型設計	游萬國

出 版 社	文經出版社有限公司
地　　址	241 新北市三重區光復路一段 61 巷 27 號 8 樓之 3
電　　話	(02)2278-3158、(02)2278-3338
傳　　真	(02)2278-3168
E － mail	cosmax27@ms76.hinet.net

印　　刷	科億印刷股份有限公司
法律顧問	鄭玉燦律師

發 行 日	2024 年 3 月修訂一版　第十一刷
定　　價	新台幣 420 元

Printed in Taiwan